中国科普作家协会国防科普委员会推荐图书

舰船科普丛书

国之重器

中国船舶及海洋工程设计研究院
上海市船舶与海洋工程学会
上海交通大学

主编

油　船

李招凤　杨葆和　刘积骅

编著

上海科学技术出版社

图书在版编目(CIP)数据

油船 / 中国船舶及海洋工程设计研究院,上海市船舶与海洋工程学会,上海交通大学主编;李招凤,杨葆和,刘积骅编著. —上海:上海科学技术出版社,2020.1
(国之重器:舰船科普丛书)
ISBN 978-7-5478-4766-4

Ⅰ.①油… Ⅱ.①中… ②上… ③上… ④李… ⑤杨… ⑥刘… Ⅲ.①油船-青少年读物 Ⅳ.①U674.13-49

中国版本图书馆CIP数据核字(2020)第020698号

舰船科普丛书

油船

中国船舶及海洋工程设计研究院
上海市船舶与海洋工程学会 主编
上 海 交 通 大 学

李招凤 杨葆和 刘积骅 编著

上海世纪出版(集团)有限公司
上海科学技术出版社   出版、发行
(上海钦州南路71号 邮政编码200235 www.sstp.cn)
上海盛通时代印刷有限公司印刷
开本 787×1092 1/16 印张 12
字数 200千字
2020年1月第1版 2020年1月第1次印刷
ISBN 978-7-5478-4766-4/N·198
定价:80.00元

本书如有缺页、错装或坏损等严重质量问题,请向工厂联系调换

内容提要

　　油船是专门用于运载原油或成品油的船舶,是货船三大主力船型之一,是运输船中不可或缺的类型。

　　《油船》以图文并茂的形式、通俗易懂的语言,介绍了油船的由来、发展,油船的类型、特性,特有的装卸设备,以及对油船安全环保的特殊需求。本书介绍了新中国成立以来油船的发展历程和取得的成绩,以及广大科技人员为发展我国油船做出的贡献,并对油船未来的发展进行了展望。

　　编者期盼青少年通过此书,不但了解油船,而且可以了解船舶设计建造有关的知识,从而达到弘扬科学精神、传播科学思想、倡导科学方法、提高科学素质的目的。

国之重器——舰船科普丛书

编委会

■ **主 任**

邢文华

■ **副主任**

黄 震　卢 霖　林 鸥　盛纪纲　胡敬东
韩 华　张 毅

■ **委 员**

陈 刚　沈伟平　姜为民　李小平　黄 蔚
赵洪武　王 洁　冯学宝　王 磊　张莉芬
张达勋　张 超　景宝金　吴伟俊　倪明杰
许 刚　孟宪海　王文凯　韩 龙　余继亮

国之重器——舰船科普丛书
专家委员会

■ **主　任**

曾恒一　潘镜芙

■ **副主任**

韩　华　郑茂礼　郑　晖　杨德昌　田小川

■ **委　员**

王佩宏　张照华　郭彦良　张关根　杨葆和
俞宝均　张文德　张福民　涂仁波　毛献群
张祥瑞　马　涛　吴正廉　徐寿钦　陈德耀
张仲根　戴自昶　张　帆　田立群　罗杏春
马炳才　刘厚恕　张太佶　张富明　李志刚
李新仲　谢　彬　王建方　李刚强　吴　刚
徐　萍　王彩莲　张海瑛　仲伟东　于再红
丁伟康

国之重器 —— 舰船科普丛书

编辑部

- **主　编**

  张　毅

- **编写人员（以姓氏笔画为序）**

于再红	卫琛喻	王　庆	王　建	王　莉
王建方	韦　强	曲宁宁	任　毅	刘积骅
祁　斌	牟朝纲	牟蕾频	杨　添	李　成
李刚强	李招凤	吴贻欣	邱伟强	张宗科
张富明	林伍雄	范永鹏	尚亚杰	尚保国
罗杏春	单铁兵	赵吉庆	段雪琼	俞　赟
施　璟	洪　亮	姚　亮	贺慧琼	秦　硕
徐春阳	唐　尧	陶新华	黄小燕	曹大秋
曹才轶	曹永恒	梁东伟	韩　龙	虞民毅
魏跃峰				

总 序

　　海洋之美,浩瀚、静谧、神秘。人类生存的地球表面71%覆盖着海洋,陆地被海洋包围着,仿若不沉之"舟"。

　　中华人民共和国,既是一个拥有960万平方千米陆地疆域的陆地大国,也是一个东部和南部大陆海岸线约1.8万千米、内海和边海的水域面积约470万平方千米、海域分布有大小岛屿7 600多个的海洋大国。提高海洋资源开发能力、发展海洋经济、保护海洋生态环境、坚持维护国家海洋权益、建设海洋强国,事关国家安全和长远发展,也对实现中华民族伟大复兴的中国梦具有十分重要的战略意义。

　　工欲善其事,必先利其器。经略海洋,装备当先。只有拥有强大的海洋装备作支撑,才能形成强大的海上力量,才能保障安全可靠的海上能源和贸易通道,才能拥有海洋权益的话语权。能犁开万顷碧波的舰船,正是建设海洋强国的"国之重器"。

　　经过几代中国舰船人的努力,我们取得了骄人的成绩。第一艘航母已交接入列,第二艘航母又下水海试;新型弹道导弹核潜艇受到世界各国的关注;"滨州"号护卫舰、"昆仑山"号船坞登陆舰等在亚丁湾为过往船只保驾护航;"临沂"号护卫舰参与也门撤侨,彰显大国担当;"和平方舟"号医院船多次赴海外开展医疗服务和救灾援助;自主设计制造的20 000箱超大型集装箱船助力中欧航线的运输;"天鲲"号绞吸挖泥船向世界展示什么叫作历练终成金;"雪龙2"号科考船即将承载起极地探索的使命⋯⋯

　　这一个个令人振奋的消息背后,是"国之重器"建设大军只争朝夕、锐意进取、拼搏奋斗、攻坚克难的身影。"功以才成,业由才广",世上一切事物中人是最宝贵的,一切创新成果都是人做出来的。硬实力、软实力,归根到底要靠人才实力。科技发展史证明:谁拥有了一流创新人才、拥有了一流科学家,谁就能在科技创新中占据优势。

　　在中国建设海洋强国的道路上,"国之重器"建设大军的每一个岗位都必须后继有人,有人传承,有人接班!

少年强则中国强。为增强青少年的海洋和国防意识,普及舰船和海洋工程科学知识,我们编撰了一部以青少年为主要对象、面向公众的科普读物"国之重器——舰船科普丛书"(简称"丛书")。丛书以舰船为主线,全面展现新中国成立近70年以来,自主研制国之重器的艰难历程及取得的辉煌成就,使广大青少年从中汲取知识、增长才干、坚定信念、强化担当。

这套丛书共20分册,涵盖海洋防卫、海洋运输、海洋科考、海洋开发等方面,包括:海上霸主——航空母舰、深海巨鲨——潜艇、海上科学城——航天测量船、探究海洋奥秘的科学考察船、造船工业皇冠上的明珠——液化气运输船、海上巨无霸——集装箱船、超大型油船、造岛神器——大型挖泥船、海上石油城——钻井平台等。

丛书由从事舰船和海洋工程科研、设计、建造的100余位专家、技术骨干和青年科技工作者执笔,并经30余位专家审阅,历时2年编写而成。

当代青少年和公众涉猎面广,超前意识和多维立体思维能力强,具有令人刮目相看的理解能力。丛书撰写者充分考虑到青少年和公众读者的阅读要求,量身定制、兼收并蓄,将舰船知识图谱化,采用重点讲解、型号示例等方法,使专业知识通俗易懂,增强了丛书的可读性。

博览众采,传承知识。丛书通过科学的体例设置,涵盖军用舰船、民用船舶和海工装备的相关知识,体系庞大而有序,知识通俗而有内涵,突出展现了丛书内容的鲜明特色,使广大青少年读者一书在手,舰船在胸。

—— 图谱化的舰船知识。丛书坚持知识性与趣味性相结合,以图文并茂的形式对一些典型舰船进行集中讲解,以便让读者掌握舰船的特点。

—— 通俗化的专业知识。丛书坚持专业性与通俗性的有机结合,用朴实的篇章构建舰船知识链,用易懂的语言精准描述舰船的工作原理、性能特点。

—— 人文化的历史知识。丛书追溯舰船诞生的起点,展望舰船发展的未来,彰显舰

船历史的人文特色，描绘出一幅幅人类设计建造舰船、塑造海洋文明的生动画卷。

拓展视野，启迪心智。丛书以舰船为载体，为广大青少年读者打开了世界舰船知识之门、中国舰船科技之窗，让读者驾驶生命之船，扬起思想风帆。

—— 认清大势，强化理念。丛书以舰船为媒，引导读者正确认识世界和中国。半个多世纪风雨兼程，中国船舶装备在变，舰船航迹在变，唯有"国之重器"建设者们"忠于党、忠于人民、忠于国家"的初心不改，信仰不变，继续弘扬突破自我、敢为人先的工匠精神，锲而不舍，发愤图强，国家利益所至，科技创新必达！

—— 明确主题，播种梦想。丛书以中国舰船制造励精图治、自力更生、发奋图强、勇创辉煌的历史红线，为每个青少年播种梦想、点燃梦想，让更多青少年敢于有梦、勇于追梦、勤于圆梦。

激扬青春，陶冶情操。理想指引人生方向，信念决定事业成败。丛书倾诉舰船昨天之历史故事，弹奏舰船今天之恢宏篇章，高歌舰船明日之瑰丽远景。

—— 弘扬爱国主义精神。丛书立足民族、面向世界，旨在激发广大读者的爱国情怀；以科学的视角，生动介绍了新中国成立以来我国舰船及海洋工程研制所取得的成就，讲述一代又一代科技人员怀着深厚的爱国情怀，为中国舰船事业发展所作的贡献。

—— 倡导奋进创新思想。丛书用世界舰船的历史史实启发读者认知：创新是民族进步的灵魂，是一个国家兴旺发达的不竭源泉。广大青少年读者应敢为人先，勇于解放思想、与时俱进，敢于上下求索、开拓进取，树立雄心壮志，努力超越前人。

—— 激励艰苦奋斗精神。丛书用中国舰船的历史史实引领读者感悟，我们的国家、我们的民族，从积贫积弱一步一步走到今天的繁荣富强，靠的就是一代又一代人的顽强拼搏，靠的就是中华民族自强不息的奋斗精神。

2016年5月30日，习近平总书记在全国科技创新大会、两院院士大会、中国科协第九次全国代表大会上的讲话指出：科技创新、科学普及是实现创新发展的两翼，要把科学普及放在与科技创新同等重要的位置。希望广大科技工作者以提高全民科学素质为己任，在

全社会推动形成讲科学、爱科学、学科学、用科学的良好氛围，使蕴藏在亿万人民中间的创新智慧充分释放、创新力量充分涌流。"国之重器——舰船科普丛书"正是习近平新时代中国特色社会主义思想的生动实践。

  愿："国之重器——舰船科普丛书"构建一座智慧的熔炉，锻造中国青少年威武铁甲！

  愿："国之重器——舰船科普丛书"筑起一个知识的平台，助力中国青少年纵横海疆！

  愿："国之重器——舰船科普丛书"插上一双理想的翅膀，引领中国青少年翱翔海天！

曾恒一　潘镜芙

中国工程院院士

2018年8月

前言

众所周知,石油是当今世界最为珍贵的资源,对任何国家和地区的经济发展、战略地位以及人类生存都起着至关重要的作用。由于石油储存、开采和消费在地理分布上的不均衡,石油需要从产地运送到消费地。管道运输造价高昂,且受各种因素影响,安全风险大,而海上运输则具有成本低和更加灵活的优势,因此油船就当仁不让成为目前跨境石油贸易不可替代的运输装备。

人类的祖先最早是用陶罐、木桶和铁桶装油,由普通干货船运输的,根据可查到的资料,世界上用油船载运石油及成品油只有130多年历史,从几百吨的小油船,发展到30万吨级的超大型油船(VLCC),甚至超过50万吨的巨型油船(ULCC)。

油船是指装载散装石油或成品油的船舶,是运输船中不可或缺的一员。虽然我国造船历史悠久,但油船的发展要晚于其他造船强国。从购买引进到自行研发建造,经过几代造船人的攻坚克难、努力攀登,至21世纪初,在国家"国油国运""国轮国造"政策的支持下,在设计建造和航运部门的共同努力下,我国的油船设计建造得到较快的发展,已逐步形成从灵便型、巴拿马型、阿芙拉型、苏伊士型到VLCC的完整系列。

能否设计建造VLCC,不只是一个量的增加,而是衡量一个造船厂,乃至一个国家造船能力的标尺。我国能设计建造VLCC,标志着我国油船实现了历史性跨越,如今世界VLCC市场已经由日、韩两分天下逐步变成中、日、韩三分天下的局面。我国用这么短的时间跻身于世界油船强国之列,我国的VLCC已遨游于世界各大洋,这是值得国人感到骄傲和自豪的。

伴随着油船的吨位扩大和数量增多,也增加了油船泄漏风险,这引起了国际海事组织的关注,并制定了相应的规则和要求,以确保油船航运的安全。

《油船》全面介绍了世界和我国的油船发展史,重点展示了几艘代表性的油船,并

图文并茂、通俗易懂地描述了油船的特征和主要系统设备,让青少年读者认识油船、了解油船,拓宽知识面。

展望未来,油船将向节能环保、高度智能以及冰区油船发展,新技术、新工艺的广泛采用将使我国油船以崭新的面貌展现于世界面前,期待有志者为实现我国"海运强国"梦而贡献自己的一份力量。

编 者
2019年12月

舰船科普丛书

目 录

第1章
石油与油船 / 1

石油 / 2
油船——海上"巨型移动油库" / 8
全球重要石油运输通道 / 20
接卸原油的主要港口 / 25

第2章
世界油船发展溯源 / 41

世界油船发展史 / 42
两艘世界最大油船的故事 / 57

第3章
油船助力我国经济发展 / 71

购买仿制 / 72

自行研制 / 73

快速发展 / 76

做大做强 / 79

第4章
走进"海上移动油库"
——油船的船型特征与特有设备 / 93

油船的总布置特征 / 94

油船水动力性能特征 / 96

油船的结构特征 / 101

油船主甲板的舾装布置 / 109

油船装卸货相关系统和设备 / 114

第5章
驯服"石油巨兽"——油船的安全、环保 / 131

大海中的阴霾——油船泄漏事故的危害 / 132

吃一堑、长一智——国际规则的改变 / 141

对"泄油"事故的应急处理 / 142

E3油船应运而生 / 149

第6章
未来的油船 / 151

节能环保油船 / 152

智能油船 / 158

冰区油船 / 160

参考文献 / 170

后记 / 171

第 1 章
石油与油船

石油

石油是国家的"经济血液"和"战略物资"

石油作为一种重要资源和能源物资，对于任何国家和地区的发展都发挥着至关重要的作用。伴随着世界科学技术的迅速发展，石油作为基础能源被广泛应用于各个领域，在世界能源结构中已代替煤成为"第一能源"。

据2016年《BP世界能源统计年鉴》统计，在世界能源消费结构中，石油已是被使用最多的能源。

石油是国家的"经济血液"，渗透在工业发展中的方方面面，可谓"无孔不入"。石油是各国竞相追逐的目标，已成为制约许多国家可持续发展的战略性问题。没有了石油，公路、铁路和空中交通将中断，电力系统将闹起"电荒"。工厂里运转的机器将戛然而止，曾经繁忙的港口变得悄无声色，国际间贸易也被迫终止……可见，石油能源是何等的重要！

石油也是一种"战略物资"，尤其是战时，飞机、舰艇、战车都需要大量油料，一旦石油被封锁，将会严重影响国家的稳定与安全。

因此，世界各国都非常重视对原油的战略储备。美国是世界上石油储备最多的国家，它将许多已完全达到开采条件的油井予以封存，对一些藏、储油的油田暂缓开发，以备应急所用。日本原油全部靠进口，为了战略储备，它在岸上建设了许多储油库，甚至将大量原油储存在已废弃的油船中，沉入海底。

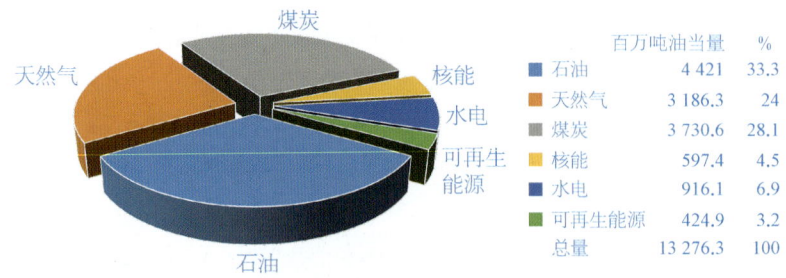

> 图1 全球一次能源消费量构成

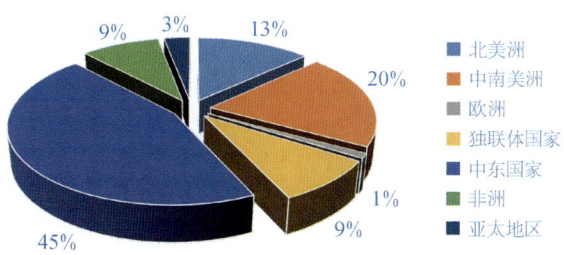

> 图2 2017年全球石油储量分布情况

近十多年来，我国也开始重视建立本国的石油储备，但离我国的战略需要相差甚远，考虑到管道输送石油初投资高且安全风险大，因此原油资源的补给将主要依靠油船船队来运输。

如今我国已经成为世界第一大石油消费国和进口国，建设规模宏大的油船船队，保障稳定充足的石油供应和必要的储备，是关系国家安全的重大战略。

 **石油与人们的衣食住行息息相关**

说到石油，人们肯定想的是其炼制成汽油、柴油、煤油等用作各种交通工具的燃料。殊不知，石油与人们的衣食住行也密不可分。

人的一生要"穿"掉多少石油

从前，人们主要依赖棉花、麻、蚕丝来解决穿衣问题。随着石化工业的发展，人们越来越多地穿着各种颜色鲜艳、时尚美观、舒适耐穿、洗涤方便的合成纤维或其与棉、麻、丝混纺面料的衣服。目前，全世界合成纤维供应纺织用量已超过纺织用纤维总量的50%。据统计，现代人一生约要"穿"掉290千克石油。

人的一生要"吃"掉多少石油

我们餐桌上的粮食、蔬菜、瓜果等从培育过程中的施肥到收割、运输的全过程都离不开石油及其产品。人们日常使用的各种饮料瓶、食品的塑料包装袋、塑料购物袋、垃圾袋以及食品添加剂等都是石油化工产品。全国每年约使用180万吨的塑料袋，而1吨塑料袋就需要耗费3吨以上的石油。其他如阿司匹林药片等是从煤焦油中提炼出来的苯酚合成的，口香糖大多使用石油聚合物替代以前的糖胶树胶制成的。数据显示，人一生约要"吃"掉550千克石油。

人的一生要"住"掉多少石油

随着石化工业的不断发展，传统的建筑材料，如木材、沙子和石材等已部分被各种合成树脂所取代；现代家庭中，少不了用塑料制成的轻便又美观的时尚家具，即使是木制家具，也要用到石油合成的黏合剂和涂料等。此外，家庭用品诸如电视、冰箱、电脑等都与石油脱不掉"干系"。琳琅满目的装饰品更是满足了人们的不同需求。有人估算，人一生约要

各种食物添加剂

各种塑料瓶

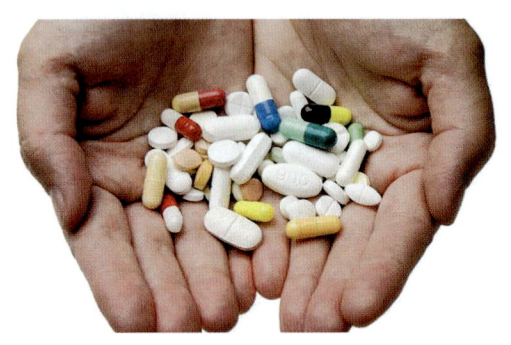
阿司匹林药片

口香糖

> 图3 身边的石油制品

"住"掉3 800千克石油。

人的一生要"行"掉多少石油

车辆用的汽油、柴油,飞机用的航空煤油,轮船用的燃料等都是石油炼制而成的。这些动力机械的运动部分必须加入的润滑油或润滑脂是在原油加工过程中产生

加油站

四通八达的公路

> 图4 石油与交通

第1章 石油与油船

小 贴 士

"桶"

桶是石油的计量单位，一般来说，可以按照世界平均比重的原油来计算，公认的换算为：

1吨原油＝7.35桶（每桶为42美制加仑）
1加仑＝3.785 43升
1桶＝158.99升

石油（桶）

小 贴 士

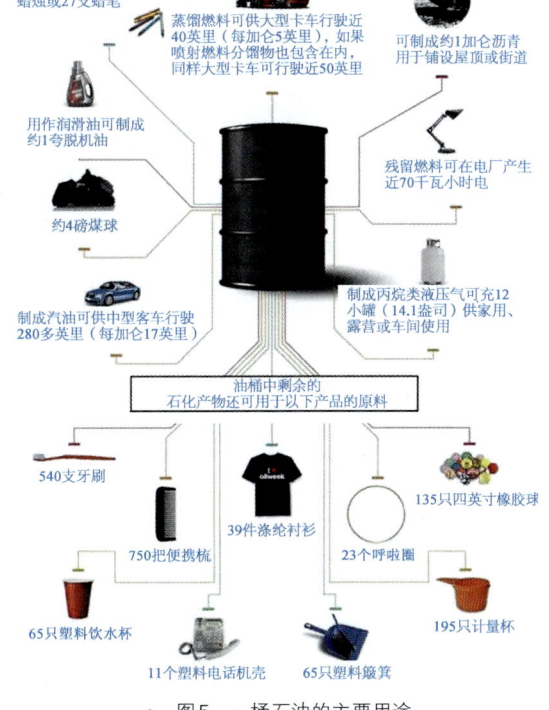

> 图5 一桶石油的主要用途

的。此外，四通八达的公路也是用原油炼制汽油、柴油和煤油等产品后的残渣铺就的。据粗略计算，人一生约要"行"掉 3 838 千克石油。

综上所述，是石油让我们穿上七彩的霓裳，吃上精美的食物，建造美丽的家园，周游于世界各地。离开了石油，人类真的是难以生存了。

石油的品种及特性

石油的品种有很多，本书主要介绍原油和成品油。

原油

原油是一种埋藏在地下的天然矿产物，是直接从油井开采出来的物质，被称为"黑色黄金"。由于其含有气体成分和许多杂质，因而不能直接使用，需要进行提炼加工后才能使用。在常温下，原油大多呈流体或半流体状态，其颜色多为黑色或深棕色，少数为暗绿、赤褐或黄色，并具有特殊的臭味。

组成原油的主要元素是碳和氢，通常碳含量约83%～87%，氢含量约11%～14%。碳和氢以不同数量和方式排列，构成了不同类型的碳氢化合物，简称"烃"。原油中还含有少量硫、氧、氮以及极微量的其他元素。这些非烃化合物对原油加工和成品油质量是不利的，在炼制过程中必须要将它们除去。

原油的分类：

按15/4摄氏度相对密度分类

轻质原油：小于0.830；

中质原油：小于0.904；

重质原油：小于0.966；

特重质原油：大于0.966。

按含硫化合物多少分类

酸性原油：含硫化合物多。

脱硫原油：含硫化合物少。

成品油

成品油是经过一定的提炼加工后，生产出符合国家、行业或企业质量标准的石油产品，包括汽油、煤油、柴油、润滑油等。

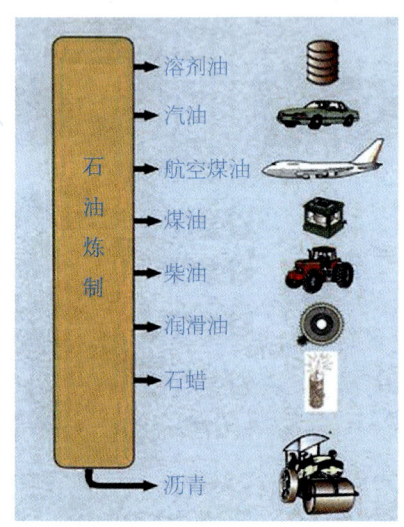

> 图6 石油炼制出的成品油

成品油的特性：

易燃

成品油中汽油的闪点最低，一般为 −50 ～ −30 摄氏度，在任何大气温度下均能使其挥发出大量的油蒸气，只要遇到极小点燃能量的火花就能点燃。其他轻柴油和重柴油的闪点为60 ～ 120摄氏度，一般环境温度不会达到，但如果油被加热或者

在附近出现有足够温度的火源时，就可能被点燃而发生火灾。

易爆

石油蒸气与空气混合，当达到一定混合比范围时，遇到火即发生爆炸。此混合比范围称为爆炸极限，在上限和下限之间时遇火将引起爆炸，低于下限或高于上限时遇火不会爆炸。

易挥发

由于构成物质的分子总是在不停地做无规则运动，处在液体表面运动着的分子会克服分子间的吸引力逸出液面，变为气体状态，即为挥发。大部分石油挥发的气比重较大，常常飘散在空气不大流通的低处，遇火花易爆炸或燃烧。

易产生静电

石油是导电率极低的绝缘非极性物质，当它沿管道流动与管壁摩擦和在运输过程中与船上罐、舱壁冲击时都会产生静电。在静电电位高于4伏，静电火花达到汽油蒸气点燃能量时，就会使汽油蒸气着火、爆炸。

易受热膨胀

存放于密闭容器的石油，在温度升

> 图7 炼油厂

15/4摄氏度相对密度

15/4摄氏度相对密度表示同体积15摄氏度的油与4摄氏度的水的质量之比。

闪　点

闪点是指在规定试验条件下油品蒸气与空气混合物形成可燃性气体，在接近火源闪出火光并立即熄灭时的最低温度，是可燃性液体的燃烧限值温度和储存、运输以及使用的一个安全指标。

一吨原油能炼多少吨成品油？

不同生产企业的成品油率不完全相同。

国际水平：1吨原油提炼汽油0.29吨、柴油0.49吨，成品油率80%以上。

高时，体积也会随之增大。当体积膨胀形成的压力超过容器承受压力时，就会使容器发生爆炸、爆破，甚至会有爆炸声响。

油船

海上"巨型移动油库"

 **油船是不可替代的运输装备**

石油是当今世界最主要的能源，但不是每个地方都蕴藏这种资源，那么石油的运输就成了一件大事，散装石油固然可以用管道运输，但初投资高，且安全风险大；相对而言，海上运输比管道运输具有成本低且更加灵活的优势，因此油船就当仁不让成为跨境贸易不可替代的运输装备。据统计，现在全球海上石油贸易已占全球石油总产量的90%以上。

油船就是指运载原油及成品油（如柴油、汽油和重油等）的船舶，有原油船、成品油船、成品油/化学品船、穿梭油船、油驳等多种类型，本书主要介绍原油船和

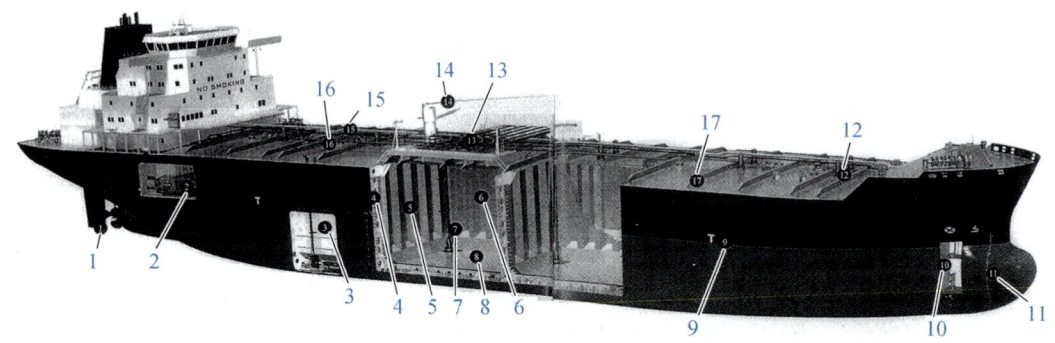

> 图8 典型成品油船示意图

1—螺旋桨和舵；2—液压单元；3—浸没式压载泵；4—双壳；5—横向槽形舱壁；6—纵向槽形舱壁；7—浸没式货泵；8—双层底；9—拖船顶推标志；10—舷侧推电机；11—球艏+吃水标记；12—甲板安装式货液加热器；13—集管区；14—软管吊；15—液压管系；16—液货管系；17—甲板横梁

第1章 石油与油船

成品油船。

 **油船与一般干货船的区别**

油船是运载液货的船，它与一般干货船在外形和布置上很容易区别：

老式油船为单甲板、单层底结构，为防止油船因海损事故而污染海洋，新建的中型以上油船的货油舱均采用双壳双底结构。

油船货舱区甲板管系非常多，并设有纵通的步桥或安全通道，在甲板纵中部位布置集管区，以便与岸上管系连接。

> 图10 油船甲板

走，不致落入油舱的透气管内而引起火灾。油船的上层建筑一般设在艉部机舱之上，以使货油舱连接成一个整体，增加货舱容积，防火防爆。

> 图9 坞内制作中的艉半段

油船机舱布置在船艉，为艉机型船。这样可以避免桨轴通过油舱时可能引起的轴隧漏油而发生爆炸的危险。同时，机舱设在艉部，烟囱排烟时带出的火星向后吹

 **小 贴 士**

原油船、成品油船有什么区别？

原油船和成品油船本质上没有什么不同，在船的结构、设计和外观上没有太大差别。但原油的黏度一般比较高，一条船装过原油后，如果需要装成品油，必须通过洗舱把舱内挂壁的原油洗净，否则会影响以后货物的品质。

> 图11 集管区

> 图13 上层建筑

> 图12 机舱

> 图14 甲板油管吊

油船在装卸石油时是用货油泵和输油管系经集管区向外输送的，甲板上无大型起货设备和大舱口，仅在集管区设起重吨较小的油管吊，配合油泵、管路及各种控制阀完成装卸油作业。

油舱内一般装有蒸气或热油加热管路，当温度低时石油的黏度增加，不容易流动，有了加热管路加温，可使舱内的石油流动，便于装卸。

油船的船长/船宽比较小、船宽/吃水比及方形系数较大，属肥大型船，干舷亦小，满载航行时甲板离水面很近。

油船的油舱大多采用纵骨架式结构，并设有纵向舱壁，以保证纵向强度和减轻船体质量。

油船设置多道横舱壁和大型肋骨框架，用于增加横向强度和适装不同品种的油类。

第1章 石油与油船

> 图15 油船与码头连接的输油管

> 图16 码头输油软管

> 图17 油船在码头接卸原油的输油臂

油 船

> 图18 货油加热管路

> 图19 典型油船艏部形状

> 图20 典型的纵骨架式分段结构

> 图21 油船横舱壁

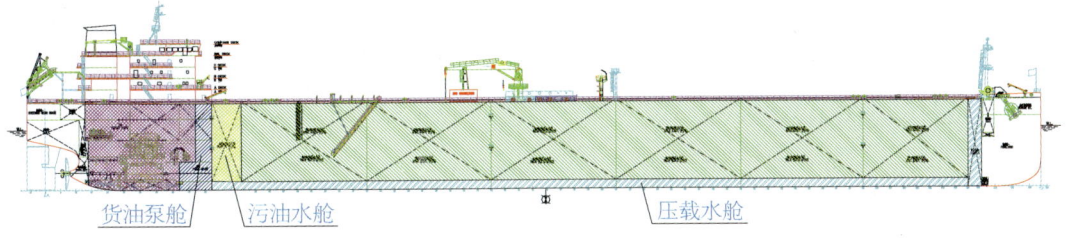

> 图22 货油泵舱、污油水舱、压载水舱

油船设有货油泵舱、污油水舱及压载水舱等专有的舱室。

 **等级分明的油船家族**

世界造船业按载重量将油船分为以下几种船型：

通用型

载重量1万吨以下油船，以运载轻质油为主。

灵便型

载重量1万～6万吨的油船，分大灵便型和小灵便型。大灵便型（4万～6万吨）的特点是灵活性强、吃水浅、船长

载重量

通常用"载重量"来表征船舶大小和装载能力，以"吨"作为度量单位。

> 图23　1 320吨原油船"新平江1001"号

> 图24　2 400吨成品油船"大庆426"号

> 图25 1.9万吨原油船"大庆437"号

> 图26 4.9万吨成品油船"长航钻石"号

短、舱数量多，航速常为14～14.6节，主机功率8 000～10 000千瓦，适合近海海运，货油舱通常为6对舱。

巴拿马型（Panamax）

载重量6万～8万吨的油船，指满载状况下可以通过巴拿马运河的最大油船，允许通过的最大船宽为32.31米，最大吃水为12米，总长限制在230米以下，服务航速一般在15节以上。

阿芙拉型（Aframax）

载重量8万～12万吨的油船，该型船设计吃水一般控制在12.20米，是适合百令海冰区航行油船的最佳船型，可获得最佳经济性，是目前能够装载成品油的最大油船船型。

苏伊士型（Suezmax）

载重量12万～20万吨的油船，指满载状况下可以通过苏伊士运河的最大油

> 图27　6.8万吨原油船"钜能尊严"号（Chemoil Pride）

> 图29　8.5万吨原油船"北塔米纳"号（Pertamina）

> 图28　7万吨原油/成品油船"天兴洲"号

> 图30　11.5万吨原油船"北海名望"号

> 图31　15.7万吨原油船"BW尤提克"号（BW Utik）

船，吃水不超过17.7米，常被称为"百万桶级油船"，可进出世界主要原油装卸港。现在的苏伊士型油船已经进入国际航线运输。

超大型油船

超大型油船（very large crude oil carrier，VLCC）载重量为20万～33万吨，从经济学角度，用优化算法得出的结果表明：载重量30万吨的VLCC，其建造费用、油耗等各种成本可以做到最低。现在VLCC已成为远洋石油运输的主力船型，更多用于中东—远东航线。

巨型油船

巨型油船（ultra large crude oil carrier，

> 图32　15.8万吨成品油船"BRITISH CENTURY"号

> 图33 29.7万吨油船"长江之珠"号

> 图34 30万吨油船"远盛湖"号

ULCC）是指载重量33万～55万及更大载重量的油船。

从世界油船发展史可见，20世纪60年代末就出现30万吨的超大型油船。那么，

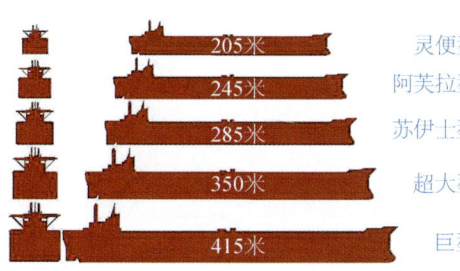

> 图37 各型油船尺寸比例图

灵便型油船 205米
阿芙拉型油船 245米
苏伊士型油船 285米
超大型油船 350米
巨型油船 415米

> 图35 44.15万吨成品油船"阿罕布拉"号（Hellespont Alhambra）

> 图36 56.5万吨油船"海上巨人"号

三代VLCC

第一代是20世纪60年代至70年代造的VLCC，这种油船没有考虑防污染问题和节能措施，主机还是采用蒸汽透平，油耗很高。

第二代是20世纪80年代建造的VLCC，大量采取节能措施使油耗大量降低。

第三代是1993年7月以后建造的满足MARPOL 73/78附录I第13F条款要求的VLCC。

MARPOL 73/78

《国际防止船舶造成污染公约》（MARPOL 73/78），由国际海事组织（IMO）在1973年11月召开的国际海洋污染会议上通过，后经1978年议定书修订，简称《73/78防污公约》。

为什么要发展超大型油船？

1967—1975年，由于苏伊士运河停航，中东地区的石油输出必须绕道非洲好望角，航程大大增加，为了降低运输成本，促进超大型和巨型油船的大发展。的确超大型油船从能源效率和资金效率方面来看，经济性十分显著。

在大幅度增加载重量时，油船的主尺度增加得并不多，这样建造大船反而可以节省钢材用量。例如，一艘20万吨级超级油船需要2.7万吨钢材，而建造4艘5万吨级油船则需要用4.4万吨钢材。

相对而言，超大型油船维持一定的航速，比中小型船所需主机功率较小。据统计，建造25万吨级超大型油船与建造5万吨级油船相比，每吨载重量造价能降低35%，单位运价能降低43%。超大型油船吨位越大，每吨载重量造价和单位运价降低越多。

20世纪70年代初，世界上就出现过40万吨级巨型油船，后来又有创纪录的56.5万吨巨型油船，有船东还打算建造80万吨甚至100万吨的巨型油船。但到21世纪初，由于巨型油船在经济性上没有预期那样的盈利，加之航道特别是有些海峡的深度限制，所以超大型油船也不是越大越好。加之西方国家从以石油为主转向多元化能源结构，使巨型油船开始过剩，建造量大大减少。截至2005年，50万吨以上的ULCC再也没有新出现过，已有的巨型油船也大多改作海上储油船使用。通过实践，造船界和航运界一致认为超大型油船以20万～30万吨级最好。

全球重要石油运输通道

苏伊士运河

苏伊士运河始建于1859年4月，历时10年，1869年11月17日正式通航，全长170多千米，北起地中海的塞得港，南到红海的苏伊士城，平均宽度为100米，深9米，无船闸。苏伊士运河的开通，连通了红海与地中海，使大西洋经地中海与印度洋和太平洋连接起来，与绕道非洲好

第1章　石油与油船

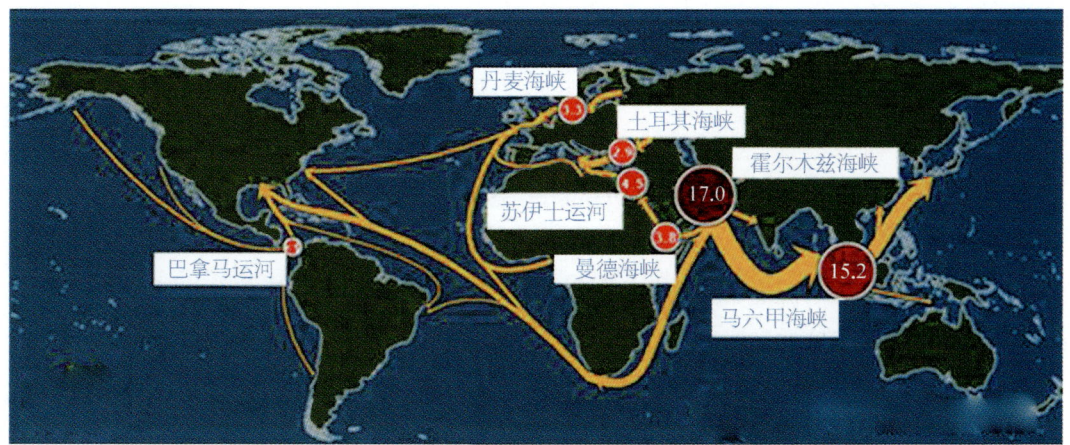

> 图38　全球重要石油运输通道

望角相比，欧洲大西洋各国从地中海经苏伊士运河到印度洋，航程缩短5 500～8 000千米，航期缩短7～10天；从地中海各国到印度洋航程缩短8 000～10 000千米；从黑海沿岸到印度洋航程缩短了12 000千米。因此，苏伊士运河具有极大的航运利益，这样的运河在世界上也是独一无二的。

> 图39　苏伊士运河示意图

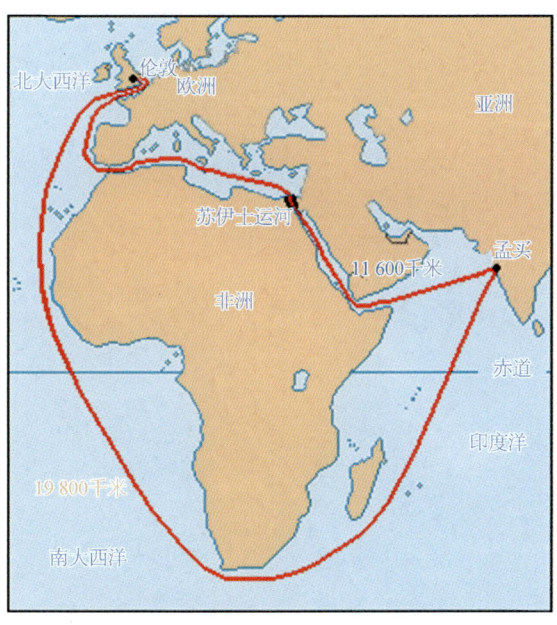

> 图40　苏伊士运河封闭期间绕道航行示意图

巴拿马运河

巴拿马地处北美洲与南美洲的交界处，左邻太平洋，右邻大西洋，最宽的陆域宽度只有80多千米，是沟通两大洋的理想之地。巴拿马运河自1915年通航，1920年起成为国际通航水道。全长约85千米，水深13～15米不等，河宽150～304米。从大西洋到太平洋要经过三段船闸，整个运河的水位高出两大洋26米，可以通航76 000吨级船舶，船舶通过运河一般需要9小时。

由于巴拿马运河的开通，太平洋与

> 图41 巴拿马运河航线

> 图42 "中远海运巴拿马"号作为首航船通过巴拿马运河新船闸

大西洋之间的航程比原来缩短了5 000～10 000千米。现在，每年有1.2万～1.5万艘来自世界各地的船舶从这条"世界桥梁"上经过。

巴拿马运河于2007年9月进行改建，历时10年，新巴拿马运河于2016年6月正式通航。

中国远洋海运集团旗下的"中远海运巴拿马"号成为扩建后的首航船。新船闸长427米、宽55米、深18.3米，将不再受限于"巴拿马极限"，货物年通过量将从现在的3亿吨增加到6亿吨。

巴拿马运河也是中国与拉美国家石油贸易的重要通道，扩建后运输时间节省近一半，并有助于保障中国进口石油的安全。

 霍尔木兹海峡

霍尔木兹海峡是连接波斯湾和印度洋的海峡。海峡东西长约150千米，南北宽56～125千米，平均水深70米。海湾地区成为世界石油宝库之后，该海峡是波斯湾石油运往远东、欧洲、美洲的唯一通道，具有十分重要的战略和航运地位，被人们称为"海上石油通道的咽喉""世界油库的阀门"。

马六甲海峡

马六甲海峡是一个世界战略要地，海峡西北端通印度洋的安达曼海，东南端连接南海。全长约1 080千米，是连接沟通太平洋与印度洋的国际水道。该海峡对于日本、中国、美国都是最主要的能源运输通道，被誉为"海上十字路口"。有超过95%的石油等资源是通过该海峡运到中国的。

> 图44 马六甲海峡

 新加坡海峡

新加坡海峡是马六甲海峡东门户的一部分，是沟通印度洋—太平洋、欧非—东亚和东南亚的咽喉，是东南亚最繁忙的水道。海峡东西长约111千米，东口宽37千

> 图43 霍尔木兹海峡

米，西口宽18千米。该海峡是国际海上航运系统中的重要环节，也是世界船舶交往最繁忙、航运量最大的水道之一。

> 图45　新加坡海峡

土耳其海峡

土耳其海峡（又称黑海海峡），是连接黑海与地中海的唯一通道。由于海峡是西亚、北非和南欧通往黑海的咽喉，古往今来皆为兵家必争之地，战略地位十分重要，被称为"天下咽喉"。海峡呈东北—西南走向，全长345千米，是亚、欧两洲的分界线。

> 图46　土耳其海峡

曼德海峡

曼德海峡位于阿拉伯半岛西南端和非洲大陆之间，呈西北—东南走向，是连接欧、亚、非三大洲的"水上走廊"。海峡长50千米，宽26～32千米，平均水深150米。苏伊士运河通航后，该海峡已成为太平洋、印度洋和大西洋三大洋的海上交通要道，是世界上最重要和最繁忙的海峡之一，西方有人称它是"世界战略心脏"。

> 图47　曼德海峡

丹麦海峡

丹麦海峡位于北欧的冰岛与丹麦属地格陵兰岛之间，部分延伸至北极圈，是北美洲和欧洲的地理分界线。海峡北端为北冰洋，南端为大西洋。海峡长约483千米，最窄处宽290千米。

第1章 石油与油船

> 图48 丹麦海峡

接卸原油的主要港口

 **我国接卸原油的主要港口**

目前，20万～30万吨级超大型油船是原油运输的主力军，原油接卸或中转需要与之相匹配的原油码头或港口。受航道和泊位吃水限制，目前能接卸超大型油船的主要有以下港口。

宁波舟山港

大榭港区实华3号码头：舟山大榭港区实华3号码头是主要的矿石、原油等中转储存基地，其中20万吨级以上原油码头5座，最大的有25万吨级原油码头，总接卸能力为6 520万吨/年。2002年该码头接卸第一艘超大型油船。

宁波舟山大榭港区实华二期：2012年5月，舟山大榭港区实华二期投入使用，吞吐能力超过2亿吨，是我国大型和特大型深水泊位最多的港口，原油接卸能力为7 335万吨/年，是亚洲最大的原油码头，

> 图49 实华3号码头接卸第一艘超大型油船

> 图50 "泰欧"号油船通过输油臂进行卸油作业

也是中国首个正式投用的45万吨级原油码头。

全球最大在航的巨型油船"泰欧"号（TI Europe）装载33.96万吨原油曾靠泊该码头，通过输油臂卸完大部分原油后前往大连港。

> 图51 "泰欧"号油船完成卸油后离港

2017年实华公司在宁波定海册子岛又建成45万吨级原油码头及相应配套设施,码头泊位长度490米,前沿水深26.8米,设计年通过能力1 800万吨,这是宁波舟山港的第二个大型原油码头。

> 图52　舟山港实华45万吨级原油码头输油管道

> 图53　宁波舟山港册子实华二期45万吨级原油码头

大连鲇鱼湾港区22号码头

大连港位于我国辽东半岛南部，属东北亚经济圈中心位置。其22号码头是港区的核心，拥有万吨级以上泊位54个，原油接卸能力为5 568万吨/年。

大连港45万吨原油码头2010年正式投入使用，是目前国内最大的两个码头之一。

"泰欧"号油船曾在大连港45万吨原油码头卸油。

> 图54　大连港45万吨原油码头

> 图55　大连港原油码头输油管道

> 图56　俯瞰输油臂与油船管系的连接

青岛港

青岛港位于山东半岛南岸的胶州湾内,属太平洋西海岸重要的国际贸易口岸和海上运输枢纽。年接卸原油约6 840万吨,进口原油吞吐量居全国港口第一,也是胜利油田原油的主要输出港。

目前青岛港接卸原油主要在老港区、黄岛油港区和董家口港区。

青岛黄岛油港区是我国最大的原油中转基地,可以停泊30万吨级油船,存储油达180万立方米,集原油进出、中转、储存为一体,年通过能力3 000万吨。

> 图57 青岛老港区原油码头

> 图58 "雅典胜利"号油船在青岛黄岛油港区卸油

> 图59 青岛董家口港区

油 船

> 图60　超大型油船停靠青岛黄岛油港区30万吨原油码头

曾经有一艘马绍尔群岛的超大型油船"雅典胜利"号，从安哥拉抵达青岛，在黄岛油港区卸油，码头通过专门的输油管道与船上接口对接，可直接将原油输送到油港的储油罐。由于油船身躯太庞大，为了看清楚卸油全貌，只得使用无人机升到百米空中才能全部拍下这条巨型油船。

2009年开建的董家口港区为青岛港的重要组成部分，其中有世界上最大的45万吨级原油码头。

日照港

日照港位于山东半岛南翼，靠近国际主航线，是我国名副其实的天然深水良

> 图61　日照港两个30万吨级原油码头可同时接卸原油

第1章 石油与油船

> 图62 日照港第三个30万吨级原油码头

港。日照港两个30万吨级原油码头可同时接卸原油。到2020年该港原油吞吐量将超过8 000万吨。

天津港

天津港是我国北方重要的对外贸易口岸和最大的综合性港口。目前，主航道已可满足30万吨级原油船舶自由进出港，有连接大港油田和天津石化的原油，以及天津中石化的原油和成品油管线，已跻身全国原油及制品为支柱的油品大港行列。

上海国际航运中心洋山深水港

上海国际航运中心洋山深水港位于杭州湾口上、长江口外，是我国首个在微小岛上建设的港口。港区分东、南、西、北四个港区，其中东港区是远东最大的成品油中转基地，油品码头作业区长1 900米，

> 图63 天津港石化原油码头

> 图64　上海国际航运中心洋山深水港

是一座国家战略储备油库。

广州港

广州港位于珠江入海口和珠江三角洲地区中心地带，由西江联系我国西南地区，经伶仃洋与我国沿海及世界诸港相连，是我国古代"海上丝绸之路"的起点之一，是世界交通史上唯一2 000多年长盛不衰的大港。

广州港最大靠泊能力30万吨。原油和成品油运输航线主要由广州至大连、福建、南通等港口。

深圳港

深圳港位于广东省珠江三角洲南部，毗邻香港，经香港暗士顿水道可达国内

> 图65　广州港石化原油码头

第1章 石油与油船

沿海及世界各地港口，码头总长约12 965米，港口货物吞吐量在世界港口中连续位居第四。全球最大油船"泰欧"号曾靠泊该港。

> 图66 深圳港

> 图67 "泰欧"号靠泊深圳港

世界接卸原油的主要港口

巴基斯坦瓜达尔港

2018年11月13日，由中方运营的巴基斯坦瓜达尔港正式开航。

瓜达尔港深水港在巴基斯坦西南部，正好位于波斯湾的出口处，距全球石油供应的主要通道霍尔木兹海峡大约400千米。目前，中国80%进口石油必经马六甲海峡，一旦马六甲海峡被封锁，我国的经济命脉将被掐断。瓜达尔港的启用，相当于给中国平添了一条大动脉，其辐射面直接到达南亚、中东、非洲，海运物资可以绕过海盗猖獗的马六甲海峡，从瓜达尔港上岸，通过管道或高铁到达喀什。

美国纽约港

纽约港位于美国东北部哈得孙河河口，东临大西洋，是美国最大的海港，也是世界上天然深水港之一，20万吨级船舶可自由出入。纽约港油码头有30个，直径为150～250毫米的输油管可供装卸油使用。

美国新奥尔良港

新奥尔良港位于美国路易斯安那州南部，随着巴拿马运河的开通，使该港到南美洲西岸各国海上运输距离大大缩短了。该港拥有长达3.4千米的世界上最长的码

> 图68 巴基斯坦由中方运营的瓜达尔港

> 图69　纽约港

> 图70　新奥尔良港

头，可同时停泊15艘船舶。自20世纪80年代初开始，石油和石油产品占港口货物吞吐量的首位。

荷兰鹿特丹港

鹿特丹港为欧洲最大的海港，19世纪80年代曾是世界第一大港，是世界上最繁忙的港口之一。

该港航道无闸，最大可靠泊54.5万吨巨型油船。所有油码头都有管道与港内五座大型炼油厂相通。

> 图72　马赛港

> 图71　鹿特丹港

法国马赛港

马赛港位于法国南部、地中海北岸罗讷河出口处，是法国最大的港口，也是欧洲第二大港。在港区有大型炼油厂，港区最大可靠泊30万吨级超大型油船，油码头有油管与炼油厂和油库相连，港内输油管道年输送量约为9 000万吨。

比利时安特卫普港

安特卫普港是比利时最大的海港，欧洲第三大港，是欧洲重要的中转港。港区

> 图73　安特卫普港

有6座海船闸，这是世界港口中罕见的，其中北港的参德夫利特船闸可通过15万吨级海船，是世界最大的海船闸。港区油船泊位有20多个。

德国汉堡港

汉堡港是德国最大的海港,也是世界最大的自由港。近300条航线与世界五大洲1 100多个港口有贸易通航。在易北河的大船锚地水深达36米,可靠泊巨型油船。

> 图74 汉堡港

英国伦敦港

伦敦港位于泰晤士河下游的南北两岸,可停靠20万吨级的大型油船,码头配备直径为152.4～406.4毫米的输油管道供接卸油使用,20万吨的油船每小时可卸油1 200～1 400吨,是目前世界上现代化管理较先进的港口之一。

新加坡港

新加坡港西临马六甲海峡的东南侧,南临新加坡海峡的北侧,是世界最繁忙

> 图75 伦敦港

38 | 油船

> 图76 新加坡港

的港口之一。该港也是太平洋及印度洋之间的航运要道，享有"东方十字路口"美誉，战略地位十分重要。最大可泊35万吨级的超大型油船，还配备有直径为150～600毫米的输油管供装卸油使用。

日本横滨港

横滨港位于日本本州中部东京湾西岸，是世界亿吨大港和亚洲最大港口之一。该港最大可靠泊20万吨大型油船，配备有直径为200～508毫米的输油管供装卸石油使用。

> 图77　横滨港

第2章
世界油船发展溯源

世界油船发展史

人类祖先最早是用陶罐或木桶、铁桶装载植物油,然后用马车拉到河边装船运输。

根据可以查到的资料,世界油船只有130余年的发展史。

> 图78 用马车将油拉到河边装船运至各地

表1 世界油船发展史

50年代	1859年8月27日,德雷克上校在美国宾夕法尼亚的泰特斯维尔村运用钻盐井技术开采出了美国第一口油井,这就是现代石油工业的发端。他将桶装的石油放进驳船进行运输,为专业油船的出现奠定了基础。
19世纪 60年代	1861年,美国第一次进行跨海运输。一艘名为"伊丽莎白·瓦茨"号(Elizabeth Watts)号的双桅帆船,用木桶装了224吨石油从美国东海岸的费城运到英国伦敦。

（续表）

19世纪	70年代	1878年，英国建造了以蒸汽机为动力的"索洛阿斯特"号（ZOROASTER）运油船，长56米。它们不再用木桶、铁桶装运油料，而是直接将油料装在货舱内。
	80年代	1886年7月13日，英国建造的第一艘具有现代油船特征的散装油船"好运"号（Gluckauf）首航。油船全长97米，采用风帆和蒸汽机为动力，可装载约3 000吨石油，主要将美国的石油运往欧洲。
	90年代	1892年7月22日，蒸汽机油船"骨螺"号（Murex）交付英国船公司使用。油船长103米，总载重量5 010吨，是第一艘过境苏伊士运河的油船。
20世纪	10年代	1914年，英国建造的蒸汽机油轮"圣赫罗尼莫"号（San Jeronimo），载重量12 398吨，是当时世界上最大的油轮。

（续表）

20世纪	20年代	1928年，德国建造了"斯蒂尔曼"号（C.O. Stillman）油船，船长178米，载重量23 060吨，成为当时世界上最大的油船，直到1949年仍保持着最大油船的纪录，它也是当时世界最大的柴油机驱动船舶。 
	40年代	1940年，日本建造了一艘远洋油船"阿波丸"号，总长154.9米，型宽20.2米，型深12.6米，总吨位11 429吨，航速20节。 
	50年代	1956年，由于苏伊士运河封闭，必须绕道非洲好望角，运距大幅增加，导致油船数量和吨位的增加，日本在这场竞争中独占鳌头。 1959年2月，日本建造了"宇宙·阿波罗"号（Universe Apollo）油船，船长288米，载重量104 520吨，航速15.5节，成为世界首艘载重量超过10万吨的油船。
	60年代	1966年12月，日本石川岛播磨重工建成"出光丸"号（IDEMITSU MARU）油船，船长344.28米，型宽48.84米，载重量209 413吨，首次超过了20万吨临界值，从此诞生一个新名字——超大型油船。 

（续表）

20世纪	60年代	1968年3月，日本石川岛播磨重工建造了6艘宇宙·爱尔兰级（UNIVERSE IRELAND）油船，船长345.3米，型宽53.4米，载重量326 585吨，航速14节，成为首艘超过30万吨级的油船。
	70年代	1975年底，日本建造了"伯格·帝王"号（Berge Emperor）油船，船长381.8米，载重量42.3万吨，首次突破40万吨。 1976—1979年，法国阿尔斯通公司大西洋船厂陆续建成4艘巴提留斯级（BATILLUS）巨型油船，船长414.23米，舷宽63.05米，舷高36米，吃水28.6米，载重量55.5万吨，航速16节，采用双轴推进系统。这是迄今为止世界一次批量建成最大的船舶，也是世界第一艘长度超过400米的船舶。

（续表）

20世纪	70年代	1978年，瑞典建成一艘巨型油船"纳尼"号（NANNY），后改名"海上世界"号，船长365米，型宽79米，吃水22.3米，载重量49.9万吨，双轴推进，航速16节，是至今为止世界上最宽的船。 
	80年代	1981年日本钢管公司津造船所将"追浜"号改建成的"海上巨人"号首航波斯湾，船长458.45米，船宽68.86米，原油载重量56万吨，自重26万吨，总计82万吨，是全球航运史上最大吨位油船。 
	90年代	20世纪90年代之前建造的超大型油船全部为单壳油船，由于海上石油泄漏事故频发，90年代之后的超大型油船要求为双壳油船。 1993年，丹麦建造的30万吨"埃利奥·马士基"号（Eleo Maersk），是世界上第一艘双壳超大型油船。 

第 2 章　世界油船发展溯源

（续表）

21世纪

2002—2003年，韩国大宇重工建造了4艘45万吨的双壳巨型油船，其中"泰欧"号油船，船长380米，舷宽68米，载重量45万吨，航速16.5节，是近20年来第一批超过40万吨的双壳油船，也是目前世界上在运营的最大载重量的内燃机油船。

2008年韩国建造了超大型油船"天狼星"号，总长330米，载重量31.8万吨，最多可载200万桶原油，是目前全球在航最大的油船之一。

下面再具体介绍世界油船发展简况。

 **美国德雷克上校使用驳船载运桶装油**

1859年8月27日，德雷克上校在美国宾夕法尼亚的泰特斯维尔村运用钻盐井技术开采出了美国第一口油井，这就是现代石油工业的发端。

在不到半年时间里，就有20多口油井出油了。这么多的油往哪里放？怎么运输出去呢？德雷克最先想到的是用装啤酒的木桶盛油，后又改用鲸鱼油桶储油，再用驳船将石油运到美国各地。

德雷克将桶装的石油放进驳船进行运输，为专业油船的出现奠定了基础。

以后人们又利用帆船运输桶装石油。1861年，美国第一次进行跨海运输。

> 图79 用帆船运输桶装石油

"伊丽莎白·瓦茨"号双桅帆船用木桶装了224吨石油从美国东海岸的费城运到英国伦敦。但这样运输存在不少问题：桶自身的重量及所占的空间减少了运载量；购置桶花费的钱又增加了运输成本；运输过程中如桶破损导致原油泄漏，还会造成货损。这些问题迫使德雷克要建造专门的运输工具——油船来运输油料。

> 图80 双桅帆船"伊丽莎白·瓦茨"号

瑞典诺贝尔兄弟发明散装油船

诺贝尔兄弟石油公司是十月革命前俄国最大的石油公司，老板是瑞典炸药大王艾尔费雷德·诺贝尔的两个兄弟——罗伯特和路德维格。

1873年，在俄国做军火生意的路德维格请哥哥罗伯特到高加索地区去采购做枪用的胡桃木。罗伯特在高加索看到了巴库轰轰烈烈的找油热潮，立即嗅到了这一商机，用购买胡桃木的钱购买了当地的炼油厂，又同两个兄弟一起去巴库买了土地，从美国雇来钻井队，购买了当时先进的冲击钻机，打出了一批油井，出了很多油。石油出来了，怎么运出去呢？这个问题同样困扰着他们。

16世纪初，巴库当地人把原油装在皮囊里，用毛驴运到中东去卖钱。但路德维格不想这样干，因为这样运输效率太低了。他先是修建了从巴拉哈尼到巴库的俄国第一条输油管道，解决了陆路石油的运输问题。

那么水上运输怎么办？如果将桶装石油放在驳船上运输，那样成本就太高了。最终，诺贝尔公司设计出一种散装石油运输船。这种船将石油直接放在船舱里，节省了船舶的空间，增加了运输量。他又请专业的造船师解决了石油相对密度低、船在水面上遇风浪容易颠簸的问题，让船稳稳地航行在海洋上。

1878年，诺贝尔公司定制的第一条散装油船"索洛阿斯特"号在巴库组装完成，在里海投入了运行，开创了散装石油大规模水上运输的新纪元。这条船长56米，只有几百吨，但却是现代油船的

第2章 世界油船发展溯源

> 图81 "索洛阿斯特"号油船原型。

> 图83 搁浅的"好运"号

美国标准石油公司的散装油船"好运"号

石油工业最为发达的美国，直到1886年7月13日，才由美国标准石油公司定购了第一艘具有现代油船特征的散装油船"好运"号。它属于德国-美国石油公司，全长97米，采用风帆和蒸汽机为动力，在欧洲和美国之间来往运输石油。这艘散装油船可装载约3 000吨石油，货舱分隔成14个长方格舱，用泵和管道系统装卸。这艘船的出现，运往欧洲的石油有99%转为散装。该船于1893年在长岛触礁搁浅。

英国壳牌公司马库斯·塞缪尔创建散装油船船队

使油船得以发扬光大的是英国壳牌运输贸易公司的老板马库斯·塞缪尔，他与美国标准石油公司的洛克菲勒是同时期的石油巨头。

1891年，马库斯获得了在苏伊士运河以东地区独家经营里海和黑海石油公司煤油的特许权。当时，洛克菲勒的标准石油公司用价格控制着世界石油市场，马科斯要想取胜，必须有出奇制胜的武器，这个武器就是油船。

有一天，马科斯在巴库看到了诺贝尔公司的散装油船，他灵机一动，设想如果采用油船运输，采取批卖的方式，那么成本就会大大降低，就能与标准石油公司相抗衡了。

> 图82 散装油船"好运"号

当时，用油船运输受气候条件影响有很大风险，但马库斯迎险而上，他以重金聘用当时最好的造船设计师，并尽快研制出了耐热防爆的油船，还采用了许多新技术措施。为了缩短运输航程，他决定从苏伊士运河走。

1892年7月22日，世界上第一艘专用油船在翰德普尔造船厂建成，载重量5 010吨，取名为"骨螺"号。它是第一艘装载巴库煤油，通过苏伊士运河驶往新加坡的散装油船。该船排水量为4 200吨。"骨螺"号还可以用蒸汽来清洗船舱，使油船除了装载石油外，在回程时不必空载，可以装载食物和货物，运输成本的下降使马库斯赚取了大量利润。

1893年年底，马库斯已有十几艘这样的油船，组成了一支船队。这些船都以海洋贝壳类生物命名，如螺、蛤等，以纪念他的父亲——贝壳商人老塞缪尔。到1902年，经过苏伊士运河运送的全部石油中有90%属于马科斯和其集团的油船。新航道的开辟、油船船队的建立，使马库斯的运输成本大幅降低。

1897年，马库斯把业务中同石油有关的油船、码头、储库、销售点、油田等注册成立了一家新公司——壳牌运输贸易公司（Shell Transport and Trading Company）。此后，他投入大笔资金建造新的远洋油船，经苏伊士运河通向全球，但终因供过于求，在标准石油公司的压力下逐渐走向衰落。1907年该公司被并入荷兰皇家壳牌集团。

不断更新换代的油船

20世纪初，随着科学技术的进步和石油工业的发展需要，油船制造技术向专业化和大型化发展，油船不断更新换代。

1913年，英国建造了蒸汽机油船"圣弗兰特诺"号（SAN FRATERNO）号，长160.7米，载重量11 929吨，成为当时世界上最大的油船。

> 图84　20世纪初世界最大的油船"圣弗兰特诺"号

1928年，德国建造的"斯蒂尔曼"号油船，船长178米，载重量23 060吨，成为当时世界上最大的油船，直到1949年仍保持着最大油船的纪录，它也是当时世界最大的柴油机驱动船舶。

> 图85　20世纪20年代最大的柴油机驱动油船"斯蒂尔曼"号

> 图86 "阿波丸"号

20世纪40年代的日本建造了一艘远洋油船"阿波丸"号，总长154.9米，型宽20.2米，型深12.6米，总吨位11 429吨，航速20节。

1945年3月28日，已被日本军队征用的"阿波丸"号在新加坡装载了从东南亚撤退的大批日本人以及大量珠宝财物驶回日本。4月1日午夜时分，该船行至我国台湾海峡牛山海域时，被正在该海域巡航的美军潜艇"皇后鱼"号发现，遭到数枚鱼雷袭击，3分钟后迅速沉没，船上2 008名乘客、船员以及装载的40吨黄金、12吨白金、30千克宝石、40箱左右的工艺品及文物、3 000吨锡锭、2 000吨橡胶、数千吨大米全部沉入海底，估计财物价值达50亿美元。只有一名昏迷的日本俘虏

> 图87 潜水员下潜打捞

被救。

隔了很长时间，美方从那个幸存者那里得知，被他们击中的不是军舰，而是一艘油船。最后，日本因战败而被迫宣布放弃"阿波丸"被击沉的赔偿要求。

1959年2月，日本船厂建造了"宇宙·阿波罗"号油船，船长288米，载重量104 520吨，航速15.5节，成为世界首艘载重量超过10万吨的油船。

1966年12月，日本石川岛播磨重工建成"出光丸"号油船，船长344.28米，型宽48.84米，载重量209 413吨，首次超过了20万载重吨临界值，为人类造船史带来了新的纪录。该船于1978年拆解。

1968年3月，日本石川岛播磨重工建造了6艘宇宙·爱尔兰级油船，船长345.3米，型宽53.4米，载重量326 585吨，航速14节，成为首艘超过30万吨级的油船。

1975年底，日本建造了"伯格·帝王"号油船，船长381.8米，载重量首次超过40万吨，达42.3万吨。

1976—1979年，法国阿尔斯通公司大西洋船厂为法国海上壳牌石油公司陆续建成4艘巴提留斯级巨型油船，船长414.23米，舷宽63.05米，舷高36米，吃水28.6米，载重量55.5万吨，航速16节，采用双轴推进系统。这是迄今为止世界一次批量建成最大的船舶，也是世界第一种长度超过400米的船舶。

由于该船太大、没有合适的码头系泊，只能将原油输送给15万吨级油船，完成卸货。

1977年8月和12月，日本日立重工为埃索石油公司建成2艘51万吨级油船："埃索大西洋"号（ESSOATLANTIC）和"埃索太平洋"号（ESSOPACIFIC）。船长406.6米，型宽71米，舷高31.2米，吃水25米，航速15.65节，载重量51.6万吨，

> 图88　世界首艘超过10万吨油船"宇宙·阿波罗"号

> 图89　"宇宙·阿波罗"号油船的螺旋桨

第2章 世界油船发展溯源

> 图90 世界首艘超过20万吨的油船"出光丸"号

> 图91 世界首艘超过30万吨油船"宇宙·爱尔兰"号

> 图92 世界首艘超过40万吨油船"伯格·帝王"号

> 图93 "巴提留斯"号油船通过小油船卸油

> 图94 "巴提留斯"号的双轴推进系统

> 图95 "巴提留斯"号的船尾

成为当时世界上最长、最宽的船。两船分别于1990年和2002年退役。

2003年8月，该船驶入长江，在江苏江阴拆解，当时船名为"海上世界"号（Sea World）。

> 图96 世界上最长、最宽的油船"埃索大西洋"号

1978年，瑞典为海上油轮公司建成一艘巨型油船"纳尼"号，船长365米，型宽79米，吃水22.3米，载重量49.9万吨，双轴推进，航速16节，是迄今为止世界上最宽的船。

> 图98 "海上世界"号油船

1993年，丹麦建造了30万吨"埃利奥·马士基"号，这是世界上第一艘双壳超大型油船。

2008年由韩国大宇重工建造、沙特阿

> 图97 迄今为止世界最宽的油船"纳尼"号

4艘巴提留斯级巨型油船

第一艘"巴提留斯"号（Batillus）1976年建成，1985年拆解。
第二艘"贝拉梅亚"号（Bellamya）1976年建成，1986年拆解。
第三艘"皮埃尔·吉洛马"号（Pierre Guillaumat）1977年建成，1983年拆解。
第四艘"牧月"号（Prairial）1979年建成，2003年拆解。

> 图99 世界第一艘双壳超大型油船"埃利奥·马士基"号

拉伯维拉国际海运公司负责经营的超大型油船"天狼星"号,是目前全球在航最大的油船之一。

该船总长330米,载重量31.8万吨,相当于3艘航空母舰的吨位,其运输能力最多可载200万桶原油,超过沙特石油日产量的四分之一。

2008年11月15日上午10点,索马里

> 图100 "天狼星"号

第2章 世界油船发展溯源

海盗在距非洲东海岸超过724千米的海面上击败了护卫军舰，劫持了载有200万桶原油（价值高达1亿美元）及25名船员（来自沙特、克罗地亚、英国、菲律宾和波兰）的"天狼星"号，这是索马里海盗历来劫持的最大船只，也是索马里海盗历来最远的作案地点。

11月19日，索马里海盗要求船东支付1千万美元赎金。据多家媒体报道称，"天狼星"号船主以空投方式向索马里海盗支付了300万美元的赎金后，"天狼星"号油船获释，并在索马里东北部地区靠岸，油船船身没有受到任何破坏，全体船员的健康状况也基本良好。

两艘世界最大油船的故事

 "海上巨人"号几经沧桑

从20世纪50年代起，世界第一大油船的纪录一直在被刷新，但到20世纪80年代，曾经声名显赫、由香港船东董浩云拥有的巨型油船——载重量56.5万吨的"海上巨人"号（Sea Wise Giant）创造的多项纪录就再没有被打破。

1974年希腊船东在日本住友重工追浜造船所订购了一艘巨型油船，船长376.7米、船宽68.86米，主机功率37 285千瓦，载重量42万吨，航速16节，船名为"波尔托斯"（Porthos）。1976年12月，该船开始建造，后来在海上试航中发现该油船倒车时

> 图101 在追浜造船所建造的"追浜"号油船

有很大的震动，希腊船东拒绝接船。1979年，因希腊船东破产，日本住友重工将该船更名为"追浜"号（OPPAMA）出售。

香港船王董浩云一直关注世界经济的发展，他坚信随着世界经济的高速发展，对原油的需求将会大幅度增长，必然需要

大批油船运输原油，而且油船吨位越大，运输成本越低。

> 图102 董浩云

为实现建造全球最大油船的愿望，即使比当时最大的"巴提留斯"号（载重量55万吨）大一点点也行。于是，董浩云买下"追浜"号油船转交日本钢管公司津造船所进行改建。经过精心计算和设计，船厂将船体拦腰割成两段，中间把专门制造的81.75米长的船体嵌入，然后焊接起来，使全长达到458.45米，新增14万吨载重量，就成了56万吨，超过了"巴提留斯"号和另外三艘姐妹船的载重量，更名为"海上巨人"号。

1980年12月19日，董浩云亲自主持了"海上巨人"号的下水仪式。1981年该

> 图103 将"追浜"号拦腰割成两段，另在船坞专门制造一段船体

> 图104 在日本钢管公司津造船所进行"加长"

> 图105 "海上巨人"号油船

油 船

> 图106 "海上巨人"号在海上试航画出的弧线非常优美

船首航前往波斯湾。

"海上巨人"号自1980年在日本横须贺港下水到2010年1月拆卸，期间经历了三十年风风雨雨，至今一直保持着多项世界纪录：

其一是原油载重量56万吨，自重26万吨，总计82万吨，相当于8艘尼米兹级航空母舰的排水量，是全球航运史上最大吨位油船。

其二是全长458.45米，超出世界最大集装箱船——"马士基"号60多米，比横躺下来的埃菲尔铁塔（总高324米）还长，比香港中环国金二期大厦还要高20米，是世界上最长的船只，俨然是一个移动的人工岛。

该船船宽68.86米（与足球场宽度相当），总面积相当于4个相连的足球场。满载吃水24.61米，相当于8层楼高。

该船舱室容积65.8万立方米，可装载约410万桶原油，相当于2艘30万吨级油船。

该船广泛采用自动化控制系统和遥控系统，仅需35～40名船员就能顺利航行，机舱内可以昼夜24小时无人值班。它还装有卫星导航系统、数据处理系统和避碰系统，使航行相对更加安全。

该船使用8.9厘米厚的钢板和双层船体技术，可防止原油意外渗漏造成的环境污染。

虽然"海上巨人"号的尺度、吨位都比法国的"巴提留斯"号油船大，但它的吃水却要少3.992米，所以它可以在更多

第2章 世界油船发展溯源

的港口、码头停靠。

"海上巨人"号油船近30年中更换了6个东家,可谓几经沧桑。1980年9月22日起,伊朗和伊拉克爆发了长达8年的两伊战争,载运伊朗或其他阿拉伯国家生产原油的船只都成为伊拉克袭击的目标,对波斯湾地区的原油生产和运输造成极严重的影响。1988年5月14日,"海上巨人"号行进到霍尔木兹海峡时,遭伊拉克飞机空袭,船身严重损毁,燃起熊熊大火,船上多名船员死亡,剩下的船员开着救生艇跑了,最后这艘巨轮在伊朗卡克岛(Kharg Island)附近海域沉没,搁浅在海底。这也是人类历史上被炮火击沉的最大船只。

> 图107 "海上巨人"号与其他船舶、建筑物进行比较

六易主家的"海上巨人"号

1. 1979年 因希腊船东破产,日本住友重工出售("追浜"号)。
2. 1979年 香港船主董浩云买后改建("海上巨人"号)。
3. 1989年 挪威海运公司诺曼国际买入("快乐巨人"号)。
4. 1991年 转售予挪威亚勒海运公司("亚勒维京"号)。
5. 2004年 转售予新加坡第一奥森油轮公司("诺克·耐维斯"号)。
6. 2010年 转售予香港船东("蒙特"号)进行拆卸。

> 图108 遭空袭的"海上巨人"号燃起熊熊大火

两伊战争结束后,"海上巨人"号的残骸直到1989年才被打捞上来入坞维修,后被挪威的海运公司诺曼国际买入,拖至新加坡的吉宝造船厂进行大规模修复工作,用了3 200吨钢材,更换掉的管线长达32千米,还更换了整个住舱甲板室,修复费用高达64万美元,改名为"快乐巨人"号(Happy Giant)重新投入使用。

此后,该船"重获新生",频繁更换船东。1991年诺曼国际又将该船转售予挪威亚勒(Jahre)海运公司,改名为"亚勒维京"号(Jahre Viking)。因为吃水的原因,载货后的"亚勒维京"号只有通过

> 图109 "海上巨人"号更换了整个住舱甲板室

常年有惊涛骇浪的好望角,才能将原油从中东运往美国或者欧洲。1995年1月25日,该船首次过境苏伊士运河,埃及报纸

第2章 世界油船发展溯源

和电视台进行了广泛的报道，当时的埃及副总理兼苏伊士运河省长登船表示欢迎，埃及总统在运河边的伊斯玛利亚市目睹其过境。

1998年12月3日，在美国洛杉矶的减载锚地，5万多吨级的油船"三光探索"号（Sanko Quest）傍靠"亚勒维京"号，为其接卸原油。

2003年7月21日，"亚勒维京"号在墨西哥湾卸原油给10万吨级的"尼瑞尔斯"号（NIRIIS）（船长243米、船宽42米）。

按照国际海事组织规定，单壳油船必须在2005年淘汰。2004年3月"亚勒维京"号再次被转售给新加坡第一奥森油轮公司（Frist Olsen Tankers），后进入迪拜的干船坞，改装成海上浮式原油储卸系统（floating storage and offloading unit，FSO），船名改为"诺克·耐维斯"号（Knock

> 图110 由"海上巨人"号改建的"亚勒维京"号

> 图111 "三光探索"号傍靠"亚勒维京"号接卸原油

油 船

> 图112 由"海上巨人"号改建的"诺克·耐维斯"号

> 图113 "诺克·耐维斯"号系泊在夏辛油田

第2章 世界油船发展溯源

Nevis）。

"诺克·耐维斯"号能容纳约65万立方米的原油，它的"肚子"里可以装下4个圣彼得大教堂。满载后，这艘船的吃水超过24米，不能通过水深较浅的巴拿马运河与苏伊士运河等人工河道，甚至连英吉利海峡也无法穿越。进入世界大部分主要港口时，它需要在约40千米以外海域装卸原油。

2004年7月卡塔尔的快桅石油公司租用该船，系泊在卡塔尔的夏辛油田（Al Shaheen Oilfield），作为外海储油用。

泊系统管路输入，到一定储存量时通过外输系统输送给串联在船尾的穿梭油轮，再运往炼油厂等地。

2010年1月这艘历经磨难的巨型油船在印度阿朗（Alang）的安伯发展公司拆船基地拆卸，在前往拆船厂的最后一程，它再一次被转卖至香港，易名为"蒙特"号（Mont）。

> 图116 在海滩上开始拆解的"蒙特"号

> 图114 作为"油库"系泊的"诺克·耐维斯"号

"诺克·耐维斯"号把来自海上石油钻井平台的油气水等混合液通过其船首的系

> 图115 "诺克·耐维斯"号将成品原油输送给船尾的穿梭油船

小贴士

锚

锚是船舶系泊设备的主要部件，古代的锚是一块大石头或是装满石头的篓筐，所以称为"碇"。"碇"用绳系住沉入海/河底，依其重量使船停泊。后来发展为有木爪的锚、金属的锚。现在的锚是铁制的，用铁链连在船上，把锚抛入水底，可以使船系稳在海/河底中。

由于"海上巨人"号上的锚与香港航运业界有一段深厚的情意，一位不愿意透露姓名的人士购买了该船重36吨、长7米、锚爪之间宽4.45米、厚1.3米的锚和与锚连着的20多个链环（每个链环约0.5米长）；挪威政府又赞助将该锚从印度运回香港。

全球不少海事博物馆、与船相关的单位都愿意用锚作摆设、标志，香港海事博物馆也为该船的锚设立了一个占地30平方米的碑座，吸引了很多参观者观赏。

这4艘船被命名为"阿罕布拉"号、"费尔法克斯"号、"大都会"号与"塔拉"号。2004年，4艘船被美国的海外船运集团（Overseas Shipholding Group，OSG）与比利时船商欧航公司（Euronav NV）共同买下，新船东OSG将"费尔法克斯"号与"塔拉"号更名为"TI大洋洲"号与"TI非洲"号，而NV则将其拥有的"阿罕布拉"号与"大都会"号改名为"TI亚洲"号与"TI欧洲"号，易手后的4艘船委托国际油轮公司（Tankers International L.L.C.）负责营运。

"泰欧"号（即"TI欧洲"号）油船，船长380米，舷宽68米，载重量45万吨，航速16.5节。它们是近20年来第一批超过40万吨的油船，是这个等级首批双壳油船，也是目前世界上在航的最大载重吨的内燃机油船。

下面让我们走进45万吨巨型油船"泰欧"号。

> 图117 "海上巨人"号巨型船锚

"泰欧"号成世界最大船只

2002—2003年，韩国大宇重工为希腊船商赫勒斯邦集团（Helle Spont Group）建造了4艘45万吨的双壳油船。

> 图118 "泰欧"号

> 图119 "泰欧"号船艏

> 图122 "泰欧"号主机

> 图120 "泰欧"号驾驶台

> 图123 "泰欧"号辅机

> 图121 "泰欧"号集控室

> 图124 "泰欧"号舵机

> 图125 "泰欧"号锚机

> 图127 "泰欧"号右舷卸货管（一般用于海上船舶过驳）

> 图126 驱动货油泵的蒸汽轮机

> 图128 "泰欧"号左舷卸货管（一般用于船岸装卸油）

> 图129 直升机起降点

逛完"泰欧"号,你有何感受?

这4艘45万吨的双壳油船是在"海上巨人"号改建完工25年后,人类首度建造的巨型油船。在2010年1月"蒙特"号报废拆卸后,"泰欧"号就继承了世界最大船只的头衔。此后,50万吨以上的巨型油船再没有出现过。

第3章
油船助力我国经济发展

油 船

我国虽然拥有丰富的石油资源，但也是石油消耗大国，特别是21世纪以来，随着我国经济的快速发展，石油进口需求也随之飞速增长，因此对油船这一国之重器的建造无疑提出了更高的要求。

我国油船研制虽然晚于世界其他造船强国，但是自新中国成立以后，随着我国经济的发展和造船工业的进步，我国的油船发展很快，主要经历了购买仿制、自行研制、快速发展和做大做强四个阶段。

购买仿制

建国初期，我国船舶工业基础还很薄弱，还没有自主设计建造油船的相关经验和能力，因此当时我国运营的油船主要来源于向国外购买或自行仿制。

1949年9月，我国只有9艘永字型1 500吨级的小油船在营运。该9艘小油船还是国民党政府在1946年从美国购买的，在其要撤离大陆时由于无法带走而被迫留下来的，这就是新中国成立初期油船的主要家底。1950年4月，这9艘船改名为"建设"。

朝鲜战争爆发后，为了突破西方国家的禁运封锁，我国和波兰政府于1951年6月合资成立中波轮船股份公司。至1953年底，该公司拥有远洋运输船11艘，1957年又买进一艘瑞典船厂建造的1.3万吨油轮。

1958年，上海海运局从芬兰购进了2艘5 000吨级原油船，命名为"建设10"号、"建设11"号。之后，大连造船厂以该型船为原型建造了"建设9"号、"建设12"号两艘油船，后来这4艘油船均改名为"大庆"。

▷ 图130　5 000吨小油船"建设10"号

第3章 油船助力我国经济发展

自行研制

在购买仿制国外油船的同时，我国一直也没有放弃对油船自主研制的追求。自新中国成立以来，在国家大力支持及相关单位的共同努力下，我国油船自主研制技术一步一个台阶，不断探索、不断突破，取得了一个又一个进步。

 **小试牛刀——自主设计小型油船**

20世纪50年代中期，我国先后自行设计建造了600吨油船、4 500吨沿海油船、1 800吨柴油机远洋油船等，这些小型油船的自主设计和建造不仅成功解决了我国沿海油运的急需，也为我国更大型油船的自主研制积累了宝贵的经验。

 **万吨首秀——1.5万吨级油船"大庆27"号出坞**

20世纪60年代中后期，随着大庆、华北、胜利等油田相继开发，沿海原油运输量大幅增加，对自主设计大型油船的需求越来越紧迫，呼声也越来越高。

1969年4月，我国自主设计建造了第一艘1.5万吨级油船——"大庆27"号。该艘首型万吨级油船采用三岛式尾机型布局，总长163.4米，型宽20.6米，型深11.1米，吃水8.87米，航速14.5节，主要用于将大庆油田开采的原油从海路运输到东南沿海。我国第一艘1.5万吨级油轮的成功设计建造，给当时还处于落后的工业带来了极大的震撼和鼓舞，人们纷纷来到码头，惊叹之情无以言表。

> 图131 我国第一艘万吨级油轮——1.5万吨油船"大庆27"号

1973年，我国又续建了多艘1.5万吨级原油船，包括"大庆"45～50号。

 不断突破——多艘几万吨级油船相继下水

20世纪70年代初期，我国建造了8艘2.4万吨级原油船，包括"大庆"42～44、

> 图132 1.5万吨油船"大庆48"号

51、61～63、65号油船。该级原油船是在1.5万吨级原油船的基础上改型设计制造，目的在于提高载货量，改善船舶经济性。首型船"大庆42"号总长178.6米，型宽25米，型深12.6米，吃水9.5米，航速15节，续航力7 000海里，载重量24 744吨，采用三岛式尾机型，单层纵通甲板，方艉。该型船投产后，一直作为我国沿海原油运输的主力船。

1976年8月，我国自主设计建造的第一艘5万吨级远洋油船——"西湖"号投入营运。该船总长234.2米，型宽31米，型深16.8米，航速15.5节，续航力1.5万海里。该

> 图133 2.4万吨油船"大庆61"号

船为尾机舱、尾甲板室、方艉、单螺旋桨。船舱部分设有两道纵壁；除艏艉部分为横向结构外，其余均为纵式结构。"西湖"号主要在日本、波斯湾及东欧各航线运输原油。

1987年12月，我国又自主设计建造了63 000吨级巴拿马型油船"大庆91"号。该船为钢质船体，总长224.60米，型宽19.60米，首次载运原油56 529吨。

面对世界油船的发展趋势及防污染公约，1994年我国建造了35 000吨的原油船"玉池"号。该船与载重量相近的油船相比较，长度、航速、吃水相近，载重量增加了1万吨，主机功率降低，具有足够的稳性和良好的操作性，各项技术性能指标达到和超过国外同期同类型船的水平，投入营运取得了良好的经济效益。

> 图134 5万吨远洋油船"西湖"号

> 图135 63 000吨油船"大庆91"号

> 图136 35 000吨原油船"玉池"号

快速发展

20世纪后期,随着我国改革开放的不断深入,国民经济高速发展,科技水平和制造业能力大幅度提升,我国已成为世界第一造船大国。油船的研发和建造技术突飞猛进,在国内外油船市场的推动下,自主设计建造的各型油船不仅极大满足了我国原油运输市场的需求,而且陆续走出国门,打入国际船舶市场。

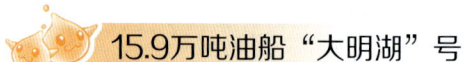
15.9万吨油船"大明湖"号

"大明湖"号油船是当时国内设计、建造的最大油船,该型船属于苏伊士型原油船(SUEZMAX),于2003年建造完毕交付。它是辽宁渤海船舶重工公司为中远集团批量建造的3艘15.9万吨油轮的第一艘,另两艘分别是"大源湖"号、"大理湖"号。该型船总长274.7米,垂线间长264米,型宽48米,型深24米,试航速度15.75节。

为了保证载重量及舱容等主要技术指标,该船在推进效率设计等方面采取了许多有效措施,设计了舵球,提高了推进效率,使本船载重量指标达到15.9万吨;在货舱设计方面,该船货舱舱容比相同尺度

> 图137 15.9万吨原油船"大明湖"号

的同类型船增加10 000立方米;该船结构可靠,设计初期就对振动问题加以重视,主要设备和容易引起局部振动的设备处都采取了相应的减振措施及必要的结构加强。

试航和实船营运中,该船多次经受了好望角、阿拉伯湾和墨西哥湾惊涛骇浪的考验,证明了该船型在国际同型船中是比较先进的,为船东创造了可观的经济效益。

52 500吨穿梭油船"瑞金潭"号

"瑞金潭"号油船是2007年我国建造

第3章 油船助力我国经济发展

> 图138 52 500吨穿梭油船"瑞金潭"号

的一艘52 500吨华南地区最大穿梭油船。穿梭油船与一般油船不同，其专门用于从海上油田向陆地穿梭运送石油。由于海上石油转运技术要求较高，穿梭油船大多配备一系列复杂的装卸油系统，同时船舶大多配备动力定位系统、直升机平台设施，造价远远高于同等吨位油船。该船总长184米，垂线间长175米，型宽32.26米，型深18.9米，航速14.6节。

"瑞金潭"号穿梭油船具有舱容大、油耗低、安全性高，以及操纵性灵活等特点，既可服务于超大型油船，又可单独作为油船使用，有助于中国进口原油运输船队建设。

15万吨苏伊士最大型双壳体原油船"维洛米·扬子江"号

"维洛米·扬子江"号油船是1997年9月我国为挪威安德斯·威廉姆森公司设计建造的3艘15万吨苏伊士最大型双壳体原油船中的首型船，是当时我国自行设计建造的最大油船，填补了大型油船建造的空白。该船总长270米，型宽44米，型深24.4米，设计吃水16.1米，服务航速15节，续航力20 000海里。

该船入级挪威船级社，为无限航区散装运输闪点在60摄氏度或60摄氏度以下的原油，并满足国际海上防污染公约。

该船自1996年底交船投入营运，首航经新加坡、过苏伊士运河、穿越地中海和大西洋，最终到达美国港口，遇到过12级以上风浪，经受了恶劣气候的考验，营运情况良好，总体性能完全达到设计要求，主要设备均处于正常工作状态，为船东创下了良好的经济效益，被船东评价为世界新型油轮中的佼佼者。

15万吨苏伊士最大型双壳体原油船的成功建造为中国船舶工业增添了新一代船型，为我国开发建造大型双壳体油船奠定了坚实的设计建造基础，积累了经验，锻炼造就了人才，满足了国际航运业日益增长的需要，增强了我国跻身于国际船舶市场的竞争力，同时推动了我国船舶工业的科技进步。

> 图139　15万吨苏伊士最大型双壳体原油船

第3章 油船助力我国经济发展

做大做强

21世纪之初，世界经济格局发生了重大变化，中国经济迅速崛起，将"国油国运""国轮国造"作为国家战略，能不能设计建造超大型油船（VLCC）不仅是一艘船装载量的增加，而且是衡量一个国家造船能力的标志之一，加紧我国VLCC的设计建造已迫在眉睫。

为了自主培养VLCC的设计建造能力，自"八五"以来，我国船舶工业有关科技人员组成研发团队，先后攻克VLCC的载重量、舱容、航速和主机功率、运动性能和波浪载荷预报、总强度设备、液舱晃荡冲击载荷、结构热点应力、船体振动、提高低速操纵性的流线型舵、绿色环保理念应用等各项关键技术和难题，实现了我国VLCC"零"的突破，拉开了我国VLCC快速发展的序幕。在近20年的时间里，我国先后为中外油船公司建造了几十艘各型VLCC，奠定了我国VLCC在世界的领先地位。

 **"伊朗·德尔瓦"号VLCC**

"伊朗·德尔瓦"号VLCC于2000年8月18日开工，2002年8月31日交船，是我国建造的第一艘VLCC，也是我国为伊朗建造的5艘VLCC的首型船。

战胜各强手，中国拿下伊朗30万吨级VLCC

1998年，当大连新船重工得知伊朗油轮公司要订购5艘VLCC的信息后，立即组成洽谈小组赴德黑兰。面对日本三菱和韩国大宇、现代、三星、汉拿船厂等世界造船界的"大腕"，中国洽谈小组毫不畏怯，主动向伊方介绍我方技术上的优势。1998年11月23日，正当VLCC项目洽谈处在最困难的时刻，朱镕基总理来到了大连新船重工视察，他鼓励船厂员工再接再厉、克服困难，一定要争取拿下VLCC项目！国家有关部委、船舶重工集团以及辽宁省、大连市各级政府都给予重点关注和大力支持，全厂上下信心倍增，终于战胜各强手，拿下了此项目。

> 图140　30万吨级VLCC"伊朗·德尔瓦"号

该船是名副其实的海上巨无霸：总长333.5米，相当于35辆5吨"解放"牌卡车首尾相接的长度；甲板面积10 000平方米，相当于3个标准足球场大小，步行一圈要用十几分钟；总高度71.2米，相当于2.6米层高的24层大厦的高度；总涂装面积达到98.4万平方米，有170个足球场那样大；总容积相当于80列15节车厢列车的载重量；排水量是核动力航空母舰尼米兹级的3倍。

同时，该型船拥有许多主要技术特点：一是设计航速高，该型船在结构吃水22.2米及主机功率为持续服务功率并留有15%海况储备的情况下，服务航速为15.8节；二是满足超前的规范、规则要求及附加的船级等，譬如船体结构疲劳寿命要求考虑为40年，远超过去的25年标准；三是在船体振动项目上满足特殊的振动控制要求（包括机械设备振动），最终甚至获得过去只有邮轮才有资格获得的"舒适度一级"证书；四是集成化自动控制和监测报警（包括货油压载控制系统由普通提至超级、桥楼驾驶也由普通升级为满足W1-OC1人桥楼驾驶技术等）；五是满足了严格的特种涂装要求，压载水舱、货油舱涂漆区域、污油舱和淡水舱油漆给予10年保证。

"伊朗·德尔瓦"号适用于载运闪点低

第3章 油船助力我国经济发展

于60摄氏度的原油产品,可航行于无限航区。该船为单螺旋桨,柴油机驱动,带球鼻艏、球舵、悬挂舵。货油舱区域为双壳结构,有双层底、双层壳和两道纵舱壁,燃油深舱也有双壳保护。

伊朗船东称赞这艘大型油船是"中国先锋",并说:"伊朗船队中有日本、韩国建造的VLCC,但中国建造的这艘是最好的。"

2005年,该船入选中国十大名船之列。

 "远大湖"号VLCC

在2002年前,我国还没有一家航运企业拥有VLCC,直至2002年12月20日,南通中远川崎为中远集团建成的30万吨VLCC"远大湖"号投入使用,我国航运企业才有了我国首艘VLCC。

该船船长333米,型宽60米,型深29.3米,载重量30万吨,航速15.9节,续航力20 000多海里。

该船是一型经济型的VLCC母型船,各项技术指标的设计裕度极小,船体结构设计确保安全性和经济性,设备选型充分利用国产、严格控制设备裕度,保证主电站安全运行。

该船总体设计和系统设计完全满足技术规格书要求的国际、国内各项规范规

> 图141 30万吨VLCC"远大湖"号

> 图142　29.7万载重吨VLCC"长江之珠"号

则，打破了韩国、日本在该领域多年的技术垄断，并充分满足用户使用要求和习惯。VLCC的成功研制实现了国内首次完全自主设计，具有里程碑意义。

该型船共4艘，至2005年又建成了其他3艘。2008年10月又设计建造了一艘载重量为29.7万吨的"长江之珠"号。

"新埔洋"号VLCC

2010年1月，广州龙穴造船基地为中国海运集团公司建造的VLCC"新埔洋"号交付使用，它也是我国华南地区建造的第一艘30万吨VLCC。

"新埔洋"号总长333米，垂线间长

> 图143　"新埔洋"号VLCC

320米，型宽60米，舱底至甲板高度为29.8米，相当于10层楼高；货舱深达27

第3章 油船助力我国经济发展

米,一次装载原油达30.8万吨（210万桶）,足够装满5 000节60吨油罐列车；服务航速15.7节；一次装载6 000吨燃料油,可持续航行60天,航程近4万千米,相当于绕地球赤道一周。从广州航行至波斯湾,单程仅需20天,每年可往返7～8个航次,将价值近10亿美元的石油从波斯湾运至中国。

该船为远洋航行、单机、单桨、柴油机驱动的原油船,适合装载闪点低于60摄氏度的原油。该船的特点为倾斜艏柱带球鼻、方艉带有开式球艉、带挂舵臂的半平衡悬挂舵和一层连续上甲板、无艏楼。货舱由双底、双壳和两道平板纵舱壁组成。

该船设有直升机停降平台,甲板后部为上层建筑,高度23.1米,分为6个楼层。顶部为驾驶舱和导航设备,其他楼层有工作舱、生活舱、健身房、乒乓室、文体活

> 图144 "新埔洋"号的艏部

> 图145 "新埔洋"号的艉部

动室等。厨房配有各类餐厨设备，可烹饪海鲜大餐。还有先进的海水淡化设备，每天可生成30吨生活用水。

"新埔洋"号配备各种世界上最先进的驾驶与导航设备，主要包括电子海图、卫星导航仪、X波段雷达、机舱监控报警系统等。按照电子海图预先设定的航线，油船能自动航行。即使在惊涛骇浪中航行，都能实现24小时机舱无人值守与自动导航。雷达可以扫描60海里以内的区域，确保油船航行安全。

由于自动化程度非常高，船上只有24名船员和5名实习船员。船上装有超大型功率的驱动离心泵，只需24小时就可把30万吨油品卸完。

"新埔洋"号的建成，使我国三大造船基地之一的华南地区造船能力有大幅提高。

> 图146 "新埔洋"号油船直升机停机坪

> 图147 "新埔洋"号驾驶室

> 图148 "新埔洋"号监控室

第3章 油船助力我国经济发展

> 图149 "新埔洋"号船靠码头卸油

> 图150 "新埔洋"号船对船卸油

 **"新金洋"号VLCC**

2004年12月20日，大连新船重工为中国海运（集团）公司建造的VLCC"新金洋"号交船，这是我国首艘悬挂中国国旗的VLCC。

"新金洋"号总长330米，宽60米，按照国际法的概念，它应该是目前中国在海外的最大领土之一。

首航经历

"新金洋"号的首航是从中国东部的深水港出发，前往沙特阿拉伯装原油至宁波。

> 图151 "新金洋"号

到达沙特阿拉伯后,港口领航员登上"新金洋"号。领航员会下达各种充满动感的口令来指挥发动机、船舵等的操作,让"新金洋"号顺畅地贴靠在波斯湾内的码头。领航员还要负责检查油船的安全状况、装卸设备的完好等,如果发现问题,港口就会拒绝给油船装油。

> 图152 "新金洋"号上层建筑生活区

通过审查后,"新金洋"号从港口外的锚地航行5个小时驶入内锚地,还要用12小时进行装油前的准备。

接下来可用两种方法装油:一是通过输油臂输油,二是利用海上漂浮的软管输油。20～30小时后,"新金洋"号17个船舱就充满了波斯湾的原油,油量相当于上海南浦大桥至卢浦大桥之间的黄浦江水。

船舱装了原油后会立刻灌入惰性气体,以确保在未来20多天的航程中原油进入深度睡眠。同时,在生活区以外的甲板上,手机、照相机等可能引起静电的物品都被禁止使用。

按规定,油船离港必须携有标记船只

输油臂

> 图153 输油臂与软管　　海上漂浮的输油软管

和货物所有信息的提单,"新金洋"号才能启程返航,它的航迹就印在被称作"中国海上能源生命线"的航路上,约50天可

第3章 油船助力我国经济发展

往返一次。

返航途经海盗高风险海域时,"新金洋"号每2小时需向远在上海的基地和两个国际组织发出信息,报告航行及防盗等情况。

整个航程中只有一次中途靠岸进行补给,或在新加坡,或在阿联酋的富加拉。新加坡和富加拉处于两个不同的油价系统,一次补给可能产生巨大的差价,将直接关系到油船的运营成本。

和航路的情况,才能把握时机把油船引入最佳位置。同时,在进入浅滩前还要调整好吃水差、摆正船位。"新金洋"号船长凭着超高的技术,在过浅滩前开快车,过浅滩时慢车或停车,让船自己淌过,确保船在经过航道杆时水深达3.5米以上。

次日白天"新金洋"号就通过新加坡的菲利普斯水道。

进入中国南海海域

"新金洋"号自西南方向驶入中国南海海域,船长让水手到罗经甲板悬挂五星

> 图154 "新金洋"号上传说中的翅膀和行车

离开阿曼湾,"新金洋"号贴近巴基斯坦和印度海岸航行。该航线远离索马里等海域,可避免海盗袭击的风险。

马六甲海峡考试

返航的第二周,"新金洋"号接近马六甲海峡,这是全程中最富挑战的航道。

一般下午两三点到海峡西侧,在涨潮、阳光两个条件都适合的时候,通过一拓浅滩,这是整个海峡最浅的地方,自深不过20多米,而"新金洋"号满载吃水超过20米。所以要通过马六甲海峡,不仅要有娴熟的驾驶技术,还必须充分了解海潮

> 图155 悬挂中国国旗的"新金洋"号

小贴士

油船遇到海盗怎么办?

油船设有专门的防海盗舱室,如遇海盗袭击,船舶报警系统可在35秒内以传真或短信的方式向有关部门发出报警。

油船

> 图156 "新金洋"号回到目的港——宁波港

红旗,按照惯例,进港口的船只白天必须在罗经甲板悬挂港口国国旗,以示对其主权的尊重。

当"新金洋"号升起第二面五星红旗时,也就代表着它终于安全到家。此时"新金洋"号又开始了新的战斗,将从沙特阿拉伯运来的大量原油输送到目的港,进行提炼。

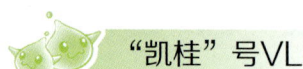
"凯桂"号VLCC

2014年11月5日,我国自主研发、广船龙穴造船基地为招商局能源运输服务公司建造的最大油船——载重量32万吨VLCC"凯桂"号在广州建成,开启处女航。该船是满足国际最新规范、公约和船东特定航线要求的新一代"经济、安全、环保"型VLCC。

该船全长333米,宽60米,主甲板面积与"辽宁"号航空母舰相当,但比"辽宁"号还要长些,甲板面积有4个足球场大,还设有直升机平台,满载排水量是"辽宁"号的7倍。

"凯桂"号的上层建筑高7层,总高度70多米,相当于一幢23层高的大厦;型深30.5米,货舱深达27米,容积360 000立方米,相当于150列40节火车的载重量;航速16.7节,续航力22 000海里,即使绕地球赤道一圈,中途也不用加油。

考虑到国际石油运输市场形势的变化,特别是近年来中国进口原油来源构成的变化,船东明确该船的目标航线是西非

> 图157 32万吨VLCC"凯桂"号

及南美。由于西非、南美的原油黏温特性与VLCC传统装载的中东原油显著不同，货舱必须设置蒸汽加温管线。而且西非、南美比中东到中国运距更加遥远，加之油价上涨和运价波动，船东希望多装货，因此该船货舱舱容有36万立方米（220万桶），而一般VLCC货舱舱容为200万±5%桶，即最大210万桶。

"桂凯"号虽个头大，但不笨拙，其自动化程度非常高。船上主机采用电喷式，操作简单，绿色环保。船上还配有当时最先进的自动控制系统及船舶管理系统，可实现无人机舱、自动导航，整艘船只需27个船员就可以操作了，即使在远隔千里的地面办公室，也可随时掌握船舶设

> 图158 "凯桂"号的甲板

备的运行数据及船舶动态。甲板上的直升机升降平台，可方便运送人员和物资。

"瑞丰"号VLCC

2013年12月，岚桥集团与大连船舶重

油 船

> 图159 岚桥集团 VLCC 船队首船"瑞丰"号首航靠泊天津港

工集团签订建造合约，一次性订购了3艘30.8万吨VLCC——"瑞丰"号、"瑞泰"号、"瑞鸿"号，3艘船先后于2016年8月28日、9月26日及2017年1月5日交付使用。这是岚桥集团实施"国油国运""国轮国造"战略的重要举措。

排水量比辽宁舰大6倍的"瑞丰"号油船，总长332.95米，型宽60米，型深30米，载重量为30.8万吨，最大航速约15.7节，续航力25 000海里，可在全球范围内航行，是目前世界上设计最先进、最环保、最低油耗的VLCC。"瑞丰"号航行于太平洋、印度洋、大西洋，向世界展现了中国先进的造船水平。

"瑞丰"号自国内交付使用后，一直在产油国（中东）、卸货地区（远东）航

> 图160 30.8万吨VLCC"瑞泰"号靠泊青岛港

> 图161 "瑞泰"号船靠泊青岛港卸载原油

行。2018年春节前夕,"瑞丰"号远航归来,第一次回到祖国的怀抱,这件"一带一路"上的联通重器,也首次揭开神秘面纱,进入国人视野。

3艘VLCC在完成的21个航次中,共运输原油超过4 000万桶,相当于中国5天的进口量。

我国在VLCC设计建造上的突破不仅实现了几代中国造船人的梦想,也打破了国外造船强国在该领域的垄断,从而使我国进入世界仅有的几个能够设计建造VLCC国家的行列,对于组建我国石油运输船队、保障国家能源安全具有重要意义。

第4章

走进"海上移动油库"

——油船的船型特征与特有设备

油船

油船的总布置特征

　　油船的主船体从前到后一般设有艏尖舱、货油舱、污油水舱、专用压载水舱、货油泵舱、机舱、艉尖舱等主要舱室。其中货油舱、污油水舱、货油泵舱、专用压载水舱是油船特征性的舱室。

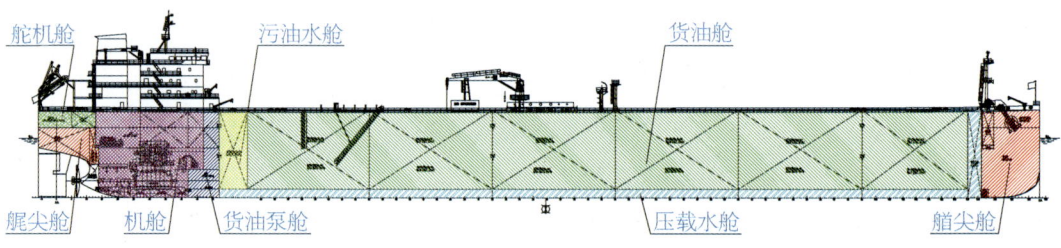

> 图162 油舱分舱示意图

货油舱

　　货油舱区位于船体中间，货油舱的总长约占整个船长的60%～80%，个别船型甚至超过80%。

　　由于在实际使用中曾发生各种海难事故，包括火灾、爆炸等安全事故和船舶破损泄油严重污染海洋环境事故，为了提高油船的安全和环保性，国际海事组织（IMO）海上安全委员会（MSC）和海上环境保护委员会（MEPC）提出了油船货油舱布置需满足一系列的要求。设计中通过纵横舱壁分隔形成多组货油舱，这既是考虑装载多品种货物的需要，也是考虑了船舶破损后的稳性安全，并降低货油泄漏的污染风险。

污油水舱

　　早期油船常用货油舱兼作压载水舱，含有油污的水直接排出舷外造成海洋污染，为此IMO规定油船要设置专用污油水舱，把洗舱后所产生的污油水、残油或污压载水等留存在污油水舱，经处理达标后方可排出舷外。按规定载重量为7万吨及以上的油船至少应设有2个污油水舱。

货油泵舱

凡采用货油总管结合集中泵系统的油船，均需设置货油泵舱用来布置货油泵、专用压载泵、洗舱泵等设备，货油泵舱一般布置在船尾部机舱前方。若采用潜液泵系统，可不设货油泵舱，将货油泵直接安装在各个货油舱内。

隔离舱

为防止油类气体渗透和防火防爆，货油舱与机舱或起居服务处所之间均应设有隔离舱。通常采用货油泵舱、燃油舱或专用压载水舱兼作隔离舱。

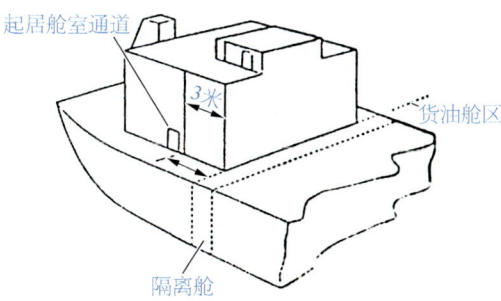

> 图163　隔离舱位置

专用压载水舱

油船运输特点是空载至产地港，装满油后至目的港。当货油舱中不装载油时，船体的吃水浅，船的推进器没有完全浸入水中，在海上航行非常不安全，原来常用货油舱装海水来达到改变船舶的浮态。这样的操作过程有2个主要的后果：一是清

小贴士

污油水舱的工作原理

污油水舱内含有油的水依靠重力分离，经过足够长的时间，油浮在上面，水在下面，油可回输到货油舱内或输到岸上；当水内的含油量降到规定的低浓度时，就可在航行中边走边排，以使对海洋污染的风险降到最低。有2个以上的污油水舱能实现多级分离，即将一个污油水舱含有较多油成分的水打入另一个污油水舱进一步油水分离，以保证水内达到低含油量。

小贴士

压载水舱的防腐蚀

海水压载舱的腐蚀是影响船舶结构安全的重要因素，一些重大船舶事故都因压载水舱严重的腐蚀导致结构强度大幅下降所致，因此国际海事组织制订了《压载舱保护涂层性能标准》（PSPC），对钢材表面的处理、涂层的厚度、涂层的检验等提出了高标准要求。于2008年7月1日起对500总吨及以上的国际航行船舶作为强制性要求。

油 船

洗工作量大；二是从货油舱中排出的洗舱水是含油的，会污染海洋。特别是万吨级以上的油船，其货油舱的容积大，排出的洗舱水多，对海域的污染更加严重。为此国际防止船舶造成污染公约（MARPOL）规定载重量大于2万吨的原油船和载重量大于3万吨的成品油船，要设置容量满足要求的专用压载水舱。

现代的油船设计利用货舱区的双底双壳处所作为专用压载水舱，既满足了专用压载水舱的容量要求，也达到了保护货油舱的目的。

▷ 图164　专用压载水舱

油船水动力性能特征

船舶的水动力性能主要包括快速性、操纵性、耐波性。

快速性要求及相关措施

船舶在水面航行时，受到空气和水对船体的作用力，其中与船体运动方向相反的流体作用力以及风的阻力都称为船舶阻力；船舶依靠螺旋桨或其他推进器推动，它对船的作用力称为推力。如何减小船舶阻力？如何克服阻力推动船舶前进？对于肥胖线型的油船来讲是两个重要课题，其目的是提高航行经济性。

油船是浅吃水、肥大型的船，这种形状的船水的阻力相对大，而且当航速超过某一个值时（一般称其为该船的经济航速），阻力会快速增大，所以油船的航速并非越快越好，通常油船经济航速多为14～15节。

科技人员通过实验发现在船首装一个大球鼻能降低船的阻力，因为浅吃水肥大型船水线的进水角很大，水流无法顺畅地

第4章 走进"海上移动油库"——油船的船型特征与特有设备

> 图165 采用球鼻艏的29.7万吨VLCC

> 图166 采用直立船首的31.8万吨VLCC

小贴士

方形系数

设定一个方箱，其长度等于船长，宽度等于船宽，深度等于船的吃水，把油船在水下部分的体积放入方箱内，船水下部分的体积与方箱的体积之比为方形系数。方形系数越大，船的水下形状越肥，船前进时的阻力越大。

小贴士

快速性

在油船经济航速条件下推动船舶前进所需功率越小，则快速性越好。

流向船的两侧,从而产生很大的流向船底下的涡流,造成船首下沉,增加了前进阻力,而采用了球艏后,使原艏部邻近水线部分体积减小和外形改善,以减小水线的进水角,所损失的排水量则由球艏来补偿,同时伸出的球艏产生对首波有利的干扰,从而降低船的阻力。

近年来,为了降低油耗,油船的经济航速不断下降。线型设计在原有球艏线形基础上又做了改进,提出了直立船首的概念,即艏部侧视为直线,正视仍保留球艏的特征,在特定设计航速时,其阻力可下降4%～6%。

操纵性要求及相关措施

对油船而言,操纵性极为重要。因为油船的油舱内存放的油是汽车油箱中存放油的几万倍甚至几十万倍,一艘油船如在海上被撞损或搁浅,货油泄漏的后果将极为严重。

良好的操纵性包括:足够的航向稳定性,即不操舵航向偏离足够小或少操舵保持航向不变的能力;良好的应舵性能,即中小舵角(以10度、20度为考核)时船航向改变的及时性;符合要求的大舵角回转性能;应急停船性能,即改变螺旋桨推力方向使船及时降速或停止的能力。

某些油船还有低航速操纵性要求。例如VLCC满载货油时吃水超过20米,许多港口进不去,需要在海上进行旁靠卸油作业,卸去部分货油给旁靠的相对小的油船,这个作业需要2艘船以5节左右的航速旁靠平行向前航行,边航行边卸油,通常称其为船对船过驳操作。实践证明,该作业模式比锚地抛锚旁靠卸油更安全,但对船舶低航速操纵性有一定的要求。

> 图167 旁靠卸油作业

第4章 走进"海上移动油库"——油船的船型特征与特有设备

耐波性要求及相关措施

船舶大多数情况在风浪中航行,因此在设计中必须考虑船在风浪中的性能。油船的耐波性与船的主尺度、肥胖程度有关。对耐波性来讲应该是船越长越有利。但为了追求经济效益,油船往往取较小的船长及较大的方形系数,这对耐波性是不利的。

如何改善耐波性?

船体运动幅度不要太大,如纵摇角、横摇角等,过大的运动幅度会影响船上作业操作,使船员难以承受。

对船体底部要做特别加强。因为油船

操 纵 性

操纵性是指船舶用舵及推进装置来改变或保持船航行方向、运动速度、前进或后退以及应急停船的能力。船舶操纵性的优劣关系到航行安全及船的经济性。

耐 波 性

耐波性是船舶在风浪中性能的总的反应。主要包括:船舶摇荡、砰击、上浪、失速、螺旋桨飞车。耐波性衡量船舶在规定的海洋环境条件下能够完成任务的能力。

常规航运是满载出港，卸完油后是压载航行回港，在压载工况时船体的吃水较小，容易出现艏部船底出水和砰击，为此要求对船体底部进行特别加强。

降低艏部甲板入水的概率，在海浪中航行，由于远处传来的涌浪，造成船体运动而上浪，甲板上浪易损坏甲板上的设备，也可能伤及或淹死人员。

7万吨以下的中小型油船，通常设有升高的艏楼以减少甲板上浪。

> 图168　油船的首部甲板上浪

> 图169　设有艏楼的4万吨油船

第4章 走进"海上移动油库"——油船的船型特征与特有设备

油船的结构特征

绝大部分油船的结构是钢制的。油船的特征结构与货品特性、任务使命及所承受的载荷特点有关,与其他运输船不同之处主要集中在货舱区域。

哪些因素对油船结构有影响?有什么影响?

 **货油的液态属性对结构的影响**

与固体货物不同,液态货物对于装载它的容器的压力是全方位的。例如,同样质量的一袋子水和同样质量的一袋子书,拎起来一样重,但是水的压力是始终作用在与袋子接触的所有表面上,随时准备从袋子上的任何一个漏点喷出,而固体的书则没有这个问题。承载液体的容器如果一直处于运动与静置反复转变的状态下,那么比承载同样质量固体的容器更容易疲劳破坏(老化的一种)。所以,油船比运输固体货物的船需要用更多的钢材来承受更大应变能,因此油船空船质量比同样载重量的散货船略重一些。

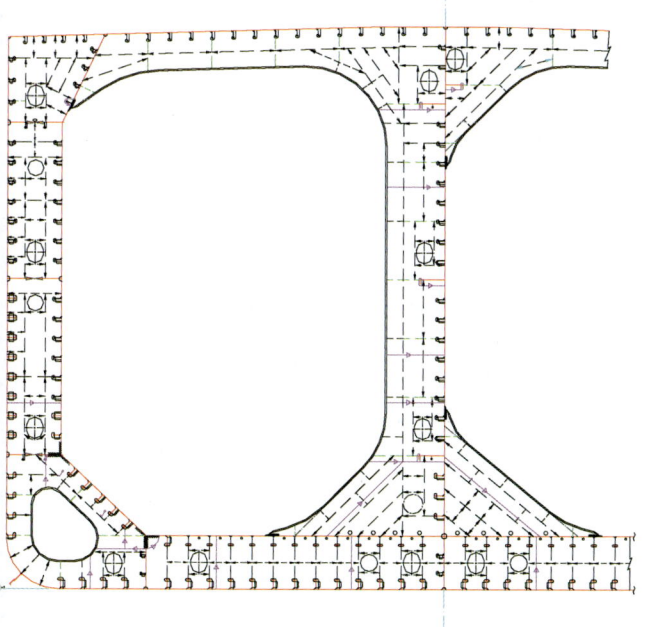

> 图170 油船典型中剖面图

小贴士

上 浪

船舶在风浪中剧烈摇荡时风浪涌上甲板的现象称为上浪。

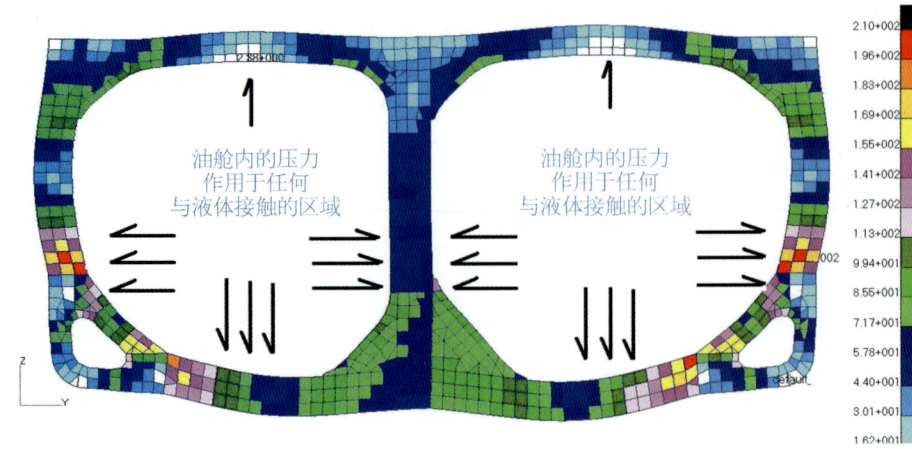

> 图171　油舱内压力对于油舱围壁变形的影响

对于油船结构而言，由于船体在海上承受较大的波浪载荷，6个自由度（即横摇、纵摇、横荡、纵荡、升沉、摇首）上均有运动加速度，因此在多个方向上有晃荡载荷。另外由于货舱内液体的晃荡，可能导致船舶的稳性不足，因此较大油船的货舱一般设置有中纵舱壁，这样可大大减小甲板和底部横向强构件的支撑距离，增加货舱区结构承受剪力的能力。中纵舱壁将油船货舱分割为左右两部分，为保持一定的单舱容积，油船的舱长远大于舱宽。因为油料可以通过输油管载入或者输出而不需要设置额外的大型卸货舱口，同时也考虑到油船的整体横向强度要求、防污染要求，油船上甲板为单层纵通、全封闭甲板。

 **货油的污染性对结构的影响**

世界上早期的油船都是单底单壳的，后来由于油类泄漏对海洋造成严重污染，国际海事组织规定对于载重量5 000吨或以上的油船必须设置双层底和双壳，大大加强了油船的局部刚度，增强了船体轻度受损情况下的生存能力和环保性能，大大减小对海洋环境的污染。

 **货油的腐蚀性对结构的影响**

油船需要反复装载、卸载不同的油品，由于油的黏度高，货舱卸油之后往往残留部分油渣。加上需要装载不同化学成分的油料，油舱内的腐蚀性对结构会造成严重影响。因此，货舱区内的所有构件均需涂装特定的防腐涂料。尤其是油舱的顶部，由于少量汽化的油气与空气混合后对甲板的腐蚀较大，因此油船的甲板需要使用更厚的钢板以保证被腐蚀之后船体的安全性。

由于油的黏度高，在低温情况下的流

第4章 走进"海上移动油库"——油船的船型特征与特有设备

> 图172 油船上甲板为单层纵通、全封闭甲板

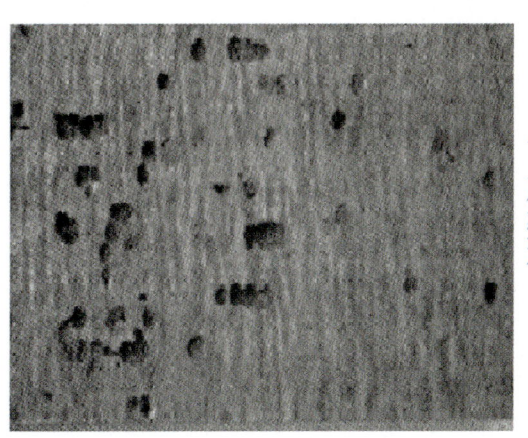
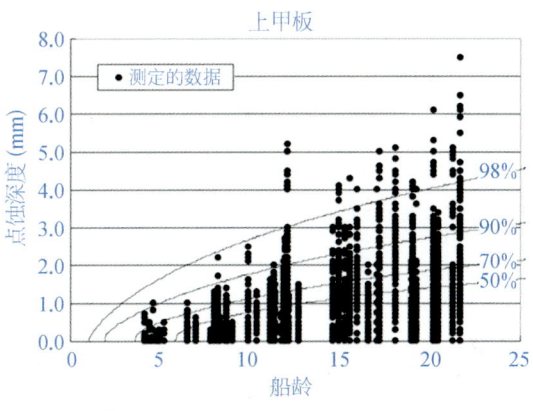

> 图173 船体钢板的点蚀状态：不同船龄油船上甲板点蚀深度统计

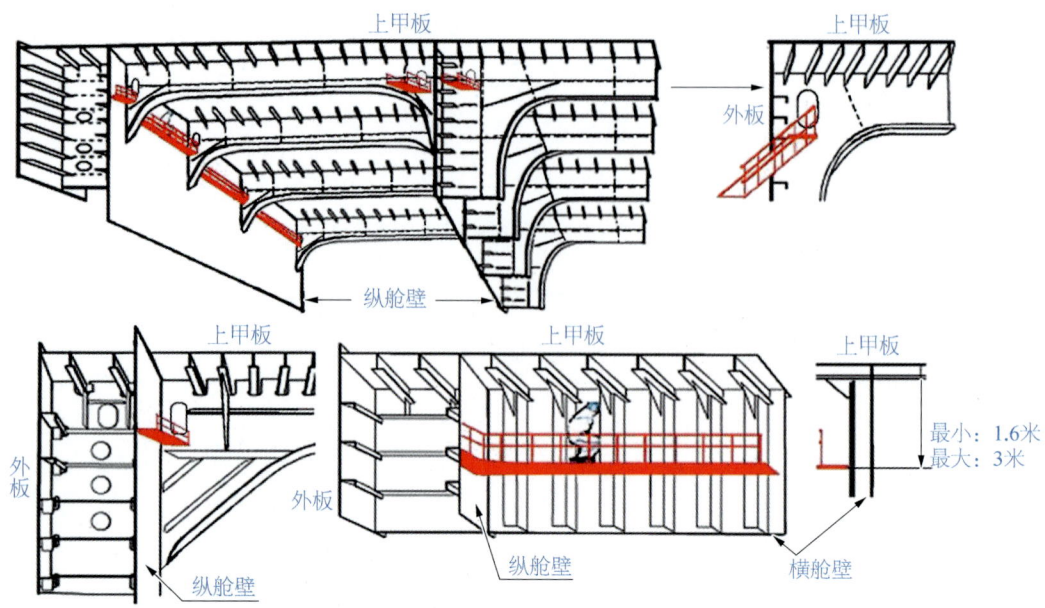

> 图174 货油舱顶部的永久检验通道示意图

动性较差，容易凝结，因此低温条件下，在向油船上输油或者从油船上卸油的过程中，需要通过货舱加热系统对油品进行适度的加热，以增加它的流动性。而此时货舱相邻压载舱的温度不高，货舱与压载舱的边界舱壁则处于高低温热交换的过程中，这样一方面容易在钢制结构上产生温度应力，另一方面也会加快钢板的腐蚀。

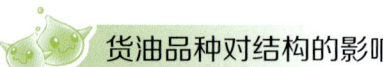 油船在多个港口卸油对结构的影响

一般装油地只有一个，但卸油地经常会有多个。有些装油地的油料供应不足，导致油舱不能装满。为此必须考虑一个或者多个货舱可能为空舱的情况。不管是横向的隔舱装载还是纵向的隔舱装载，都可能大大增加油船的总强度载荷和局部结构载荷，对于满舱与空舱交界处的结构强度要求往往很高。

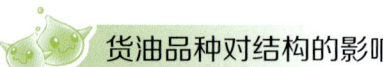 货油品种对结构的影响

原油船和成品油船货舱区域的结构特点差异较大。一般成品油船装载不同油品时必须彻底洗舱，为了节省洗舱的成本，减少舱内结构构件的表面积，尤其是水平构件的表面积，成品油船的横舱壁和中纵舱壁一般为槽形舱壁，其甲板强框架一般位于甲板之

第4章 走进"海上移动油库"——油船的船型特征与特有设备

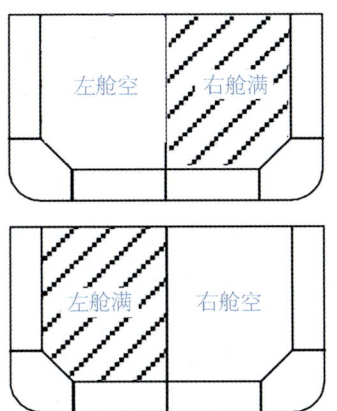

> 图175 油船货舱隔舱装载

上。而为了节省空船重量和提高船体的横向刚度，原油船的绝大多数舱壁结构为平板舱壁。

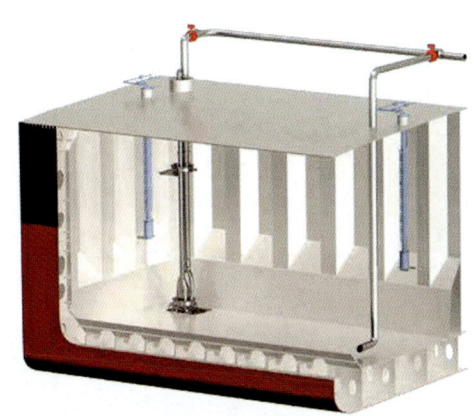

> 图176 槽型舱壁

 **货油管穿过舱壁的开口区域的结构加强**

为了能够连接输油管和货油管，在油船的上甲板有大大小小的小舱口、人孔、

油管或者透气管开孔。在油船的横舱壁和纵舱壁上也有大大小小的油管开孔。在上甲板管路集中管理的区域（简称集管区）附近有密密麻麻排列着孔径各异的输油管，还有集油槽、油管吊、油管吊仓库等，这些区域需要在甲板下作结构加强。所有的开孔形状要考虑减小甲板上的应力

永久性检验通道

对于油船来说，其货油舱及压载舱内的构件，特别是上甲板下方的构件容易腐蚀，为了方便相关人员进行船舶的结构近观检查和厚度测量，国际海事组织海上安全委员会于2005年制订了《检查通道技术规定》（PMA），要求对油船装货区域及其前方处所设置永久性检验通道。

> 图177 油船的舱口、人孔、透气管开孔

> 图178 油船横舱壁上的油管开孔

集中，避免结构损伤。

 机、泵舱结构抗振加强

油船是尾机型船舶，即主机和机舱位于船体的尾部，机舱前部与货舱之间一般还有一个泵舱。由于主机是全船的主要动力源，输出功率大，机泵舱内结构的防振非常重要，所以在机舱内要设置数量足够多、刚度足够大的支柱，并与强框架、强

> 图179 油船的泵舱

第4章 走进"海上移动油库"——油船的船型特征与特有设备

> 图180 机舱内的支柱、强框架、强横梁、平台共同组成的坚固框架

横梁、平台共同组成坚固的框架。

 油船对运动载荷的结构加强

由于油船的运动加速度较大，加上艏部和艉部区域远离船体的重心和浮心，艏部和艉部区域如果载有压载水、淡水或者油料，则船体结构承受更大的惯性加速度和液体晃荡载荷，因此对船体结构的强度要求更高。

为了追求最佳的推进效率、越来越大的螺旋桨直径和舵效，致使艉部区域的线

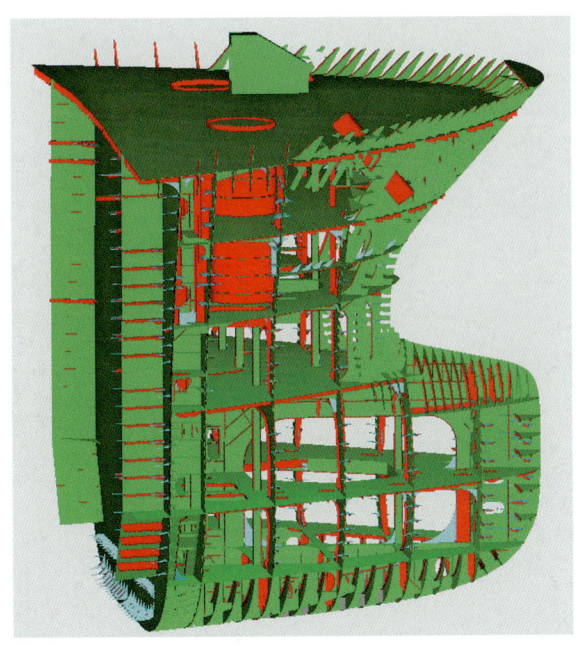

> 图181 典型油船艉部结构（取下外板）

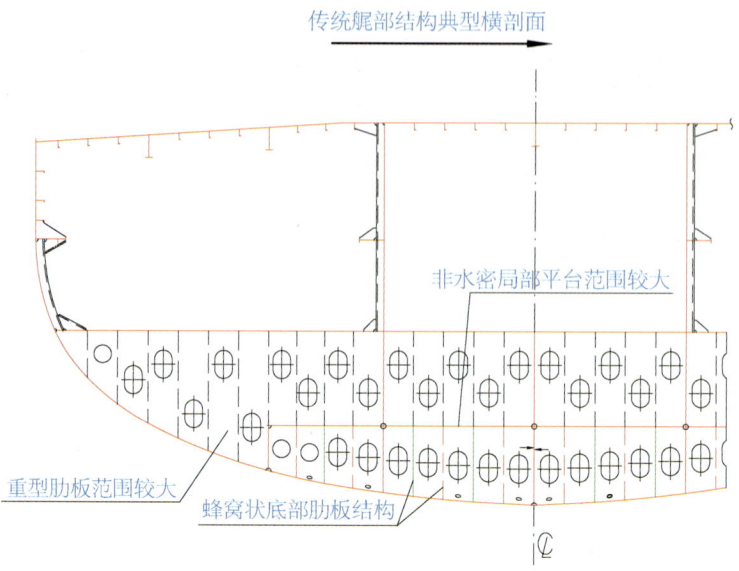
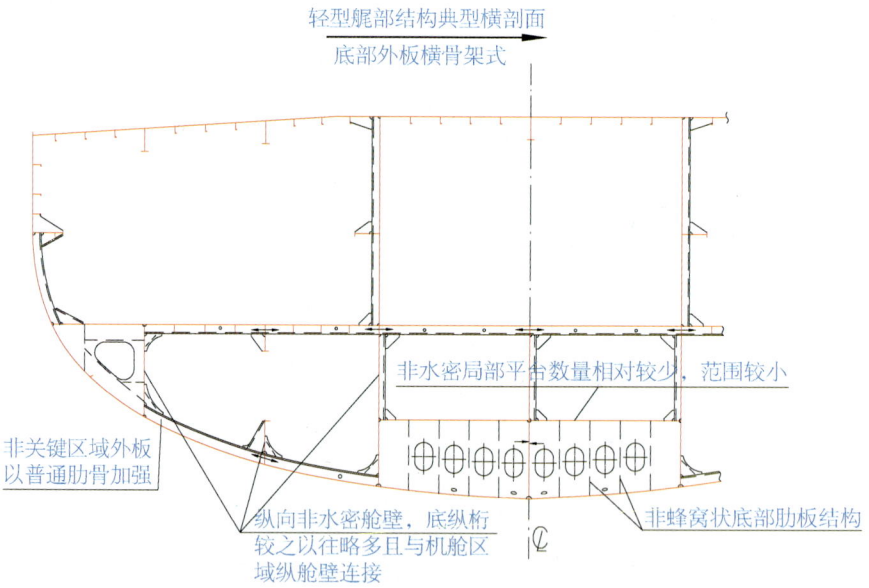

> 图182 传统艉部结构与现代轻型艉部结构横剖面图的对比

第4章 走进"海上移动油库"——油船的船型特征与特有设备

型越来越瘦，螺旋桨上方的外板线型越来越接近U形，水对这一区域的砰击相对严重，对结构加强提出要求。

> 图183 VLCC艉部的螺旋桨和舵

油船主甲板的舾装布置

油船主甲板舾装布置主要包括锚、系泊设备、单点系泊及应急拖带、吊机、桅樯信号、舷梯及引水员梯、救生消防设备、孔盖梯、安全通道及避浪亭、集管区、货油管系等。下面介绍油船从船尾到船首的舾装布置。

 **艉部区域舾装布置**

艉部主要布置有系泊绞车、尾部应急拖带、尾拖强力点、防火索卷车、救生艇筏、机舱备品吊、桅樯信号等。载重量2万吨以上油船，应在艏艉布置应急拖带装置。

> 图184 VLCC的艉部甲板

救生艇主要有2种方式：重力倒臂式救生艇，布置在两舷；艉部抛落式救生艇和一舷的吊落式救助艇。机舱备品吊主要有2种形式：单轨吊机可以沿左右行走以覆盖两舷；回转吊机两侧各布置一台。

> 图185　VLCC的重力倒臂式救生艇

> 图186　VLCC的单轨吊机

> 图187　VLCC的回转吊机

第4章 走进"海上移动油库"——油船的船型特征与特有设备

货舱区域舾装布置

油船货舱区甲板面设施众多。系泊布置除了常规要求外,还需要考虑船对船作业(STS)的要求、集管区系泊件的要求等。从艉部到艏部的连续安全通道,不超过45米应布置有避浪亭,对于甲板骨材上翻的船可以采用步桥方式,避浪亭与甲板泡沫消防炮平台通常整合在一起;对于甲板骨材不上翻的大型油船,也可以取消步桥,利用栏杆直接布置在尽量靠近船中的主甲板。

> 图188 VLCC的货舱区甲板布置

> 图189 带有步桥的成品油船甲板布置

> 图190 VLCC的甲板系泊绞车

大型油船通常布置有甲板直升机标志，一类为白天降落标志（H），VLCC 和苏伊士型船通常采用；另一类为悬停（WINCH ONLY），直升机并不降落。

> 图191　VLCC 的直升机降落标志

> 图192　VLCC 的备用螺旋桨

> 图193　VLCC 的备用大抓力锚

第4章 走进"海上移动油库"——油船的船型特征与特有设备

艏部区域舾装布置

艏部甲板主要考虑锚、系泊以及单点系泊的布置。

> 图194 VLCC的锚机布置

> 图195 VLCC的单点系泊布置

> 图196 VLCC的单点系泊作业

油船装卸货相关系统和设备

油船所载运的是有一定危险性的散装液货，与普通干货船有着本质区别，因此必须配备专用的系统和设备。

油舱内的油气是易燃的危险气体，油舱又是封闭的，因此油船需要有装卸液货的能力，要装得进去，卸得干净。

货物进舱、出舱、船摇晃、温度变化，都会导致油舱内上部的气体压力增加或降低，油舱需要配置透气系统，让油舱也能自由的"呼吸"，让油舱的压力保持稳定，让油气散发到安全的地方。

油船每个航次装的液体货品可能不一样，为了避免这次货物的残留物对下次装货产生污染，需要配置洗舱系统，这就相当于给货舱"洗澡"。

货油本身易燃烧，挥发出来的油气更易燃烧爆炸，所以在大的油船上配置了惰气系统，严格控制油舱里的含氧量，让油气"点不着"。

那么，散装的油是如何装上船，又是如何从船上卸下来的呢？这就是接下来将要介绍的油船的"心脏"与"动脉"，即货油泵和货油管路。

货油系统

油船需要具有装卸液货的能力，装卸货油所用的设备和系统总称为货油系统。主要包括：货油装卸系统、扫舱系统、加热系统、洗舱系统及油舱透气系统等。

货油装卸系统

货油装卸系统是由货油泵、货油管路及管路附件所组成。如果说货油泵是油船的"心脏"，那么货油管路就是装卸货油的"动脉"。货油泵具有抽吸能力，卸油时通过吸入管路将货油从货油舱内抽出，进入货油泵后加压，再通过甲板货油管路和装卸站横跨货油总管，经过软管与码头或其他油船装卸站接头相接，排至油码头岸站或其他油船上。装油时，岸上或其他油船的油通过横跨总管输送至每个油舱的甲板管路，通过一根支管（不经过货油泵）旁通进入各个油舱。

闪点较低、挥发性较大的油类，如原油、大部分成品油在敞开作业时有火灾、爆炸危险，必须采用闭式装卸系统。所谓闭式就是在货油装卸时，必须将船、舱所

第4章 走进"海上移动油库"——油船的船型特征与特有设备

> 图197 油船在油码头卸货

> 图198 油船对油船卸油

有孔盖等封闭，只利用透气管吸、排舱内油气，或通过船岸连通的蒸气回收管系，将油舱内的油气送至岸上油气回收处理装置进行处理。

采用泵舱泵的货油系统装卸管路，按照其布置所在的区域主要分为三部分，即舱内管路、泵舱管路及甲板管路。

采用潜油泵或液压深井泵的货油系统，没有舱内管系和泵舱管系，仅有甲板管系。

货油扫舱系统

该系统的主要功能是：

（1）抽吸货油舱内的残油，使剩余在舱内的残油尽可能少，成品油/化学品船残留量应少于100升。

（2）抽吸货油管内及货油泵等设备内的残油。

货油加热系统

油船运载黏度较高的油类时，由于在运输重货油会冷却，这就需对货油进行保温和加热。保温用于运输途中。加热用于到港卸油之前，以降低其黏度，增加油的流动性，提高卸油效率。另外，有些油类低于一定温度时，会凝固或变质，在油船上也会布置加热管系。

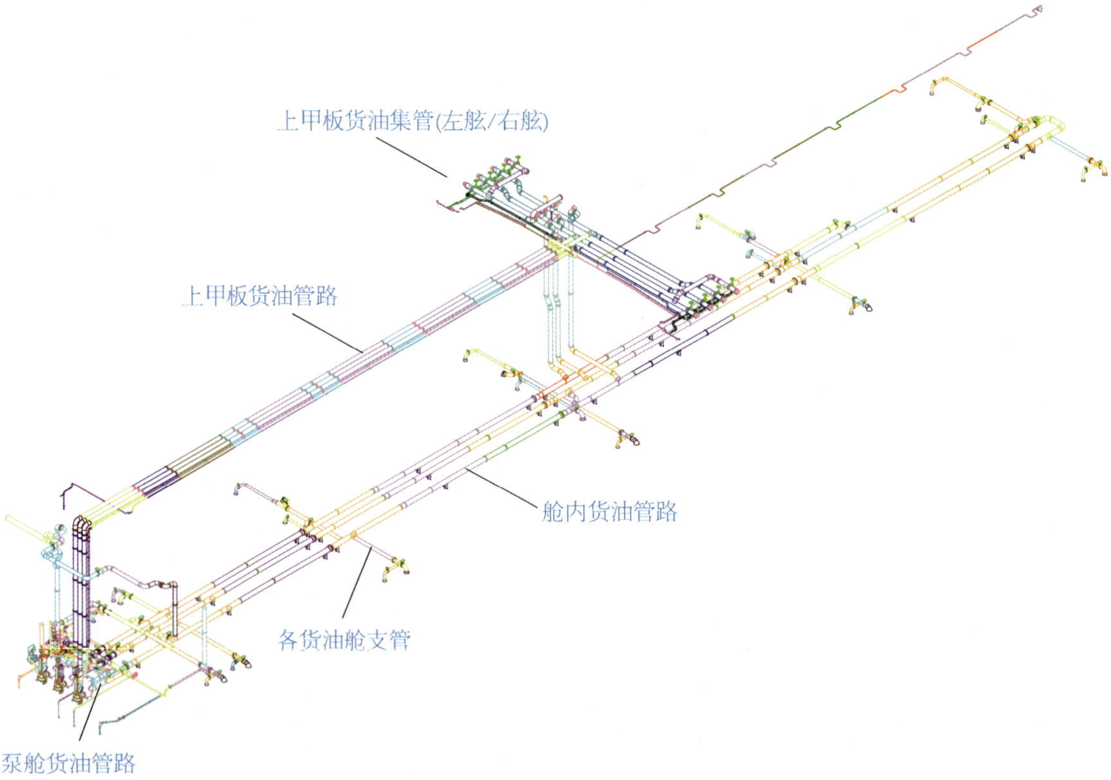

> 图199 泵舱泵货油系统示意图

第4章 走进"海上移动油库"——油船的船型特征与特有设备　117

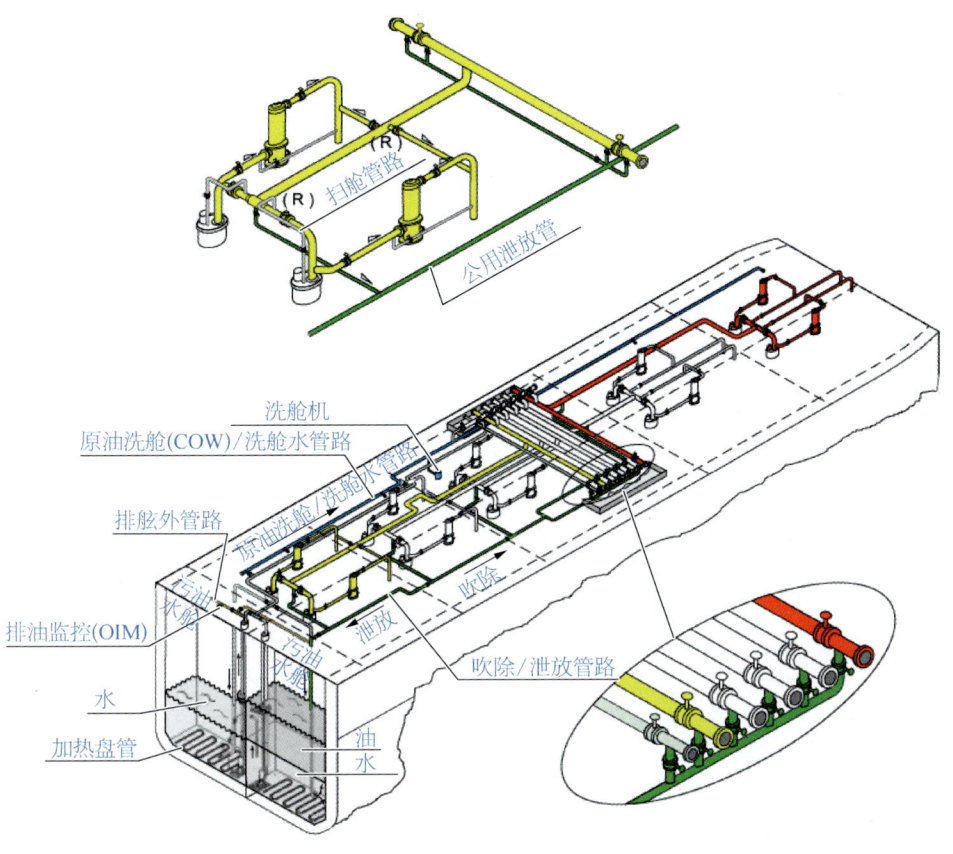

> 图200　液压深井泵货油系统示意图

　　盘管式加热系统主要由布置在靠近货油舱底部的多组加热盘管组成，管内可通入蒸汽或热油，与舱底的货油进行换热，实现整舱货油温度升高。

　　除以上盘管式加热系统，还可以在货油舱的甲板上安装甲板加热器，对货油进行循环加热，这种加热方式主要适用于使用液压深井泵的成品油船。此时用泵将货油从舱内抽出，经甲板上的加热器换热后回入油舱，如此往复循环，使货油加热到

小贴士

黏　度

　　黏度是油品流动性的一种表征，它反映了液体分子在运动过程中相互作用的强弱，作用强（黏度大）则流动难。环境温度是影响流体黏度的主要因素。

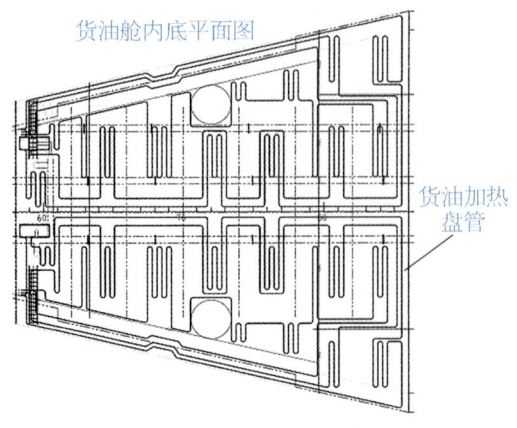

> 图 201　货油加热盘管舱内布置示意图

> 图 202　货油加热盘管实船布置图

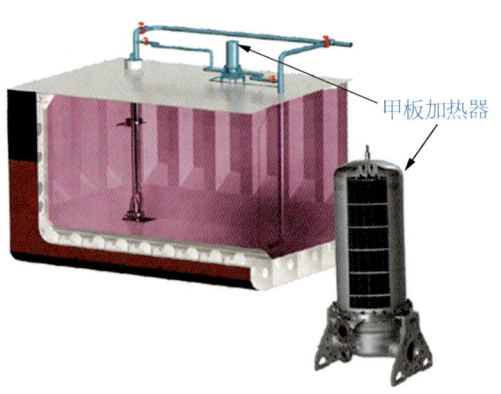

> 图 203　甲板加热器安装图

设定的温度。

货油舱洗舱系统

洗舱系统用来清除残留的存油，清除长期积存于货油舱舱壁和内部结构上的沉积杂物，防止新装的货油受到混杂及污染。洗舱后，如需要船员进入货油舱内进行检查或修理，还必须清除舱中的油气，以确保进舱船员的人身安全。

洗舱系统通常可分为原油洗舱系统和水洗舱系统。

（1）原油洗舱系统：对于 20 000 载重吨及以上的新造原油船必须设置货油舱原油清洗系统。

原油洗舱系统可以利用货油泵作为洗舱泵，也可以设置专用的洗舱泵。货油泵将货油从货油舱或污油水舱内抽吸至甲板洗舱总管，通过支管送到每一舱的固定洗舱机，洗舱机的喷嘴可上下移动和旋转，喷出的液体强有力地冲刷货舱壁及其上的构件，以及舱内的各个角落。

由于货油泵或专用洗舱泵均可用可拆短管或阀与泵舱内的海水门相连接，因而原油洗舱系统也可兼作水洗舱系统，可以在原油洗舱后进行舱内海水/淡水的冲洗。冲洗下来的含油污水泵入污油水舱，可重复使用，最后再用淡水漂洗。

洗舱机喷射到舱壁的面积要大于总面积的80%，为此一个油舱可设多个洗舱机。

（2）水洗舱系统：在成品油船和不足20 000载重吨的原油船上，可使用压力水（冷水或热水）对油舱内壁和舱底进行冲洗的水洗舱系统，一般采用手提式洗舱机。首先，在甲板上固定好三角形软管支

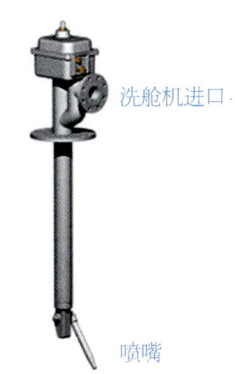

> 图204　洗舱机及甲板布置

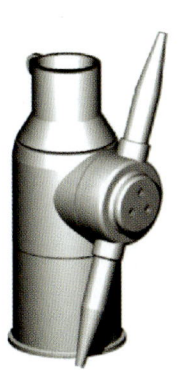
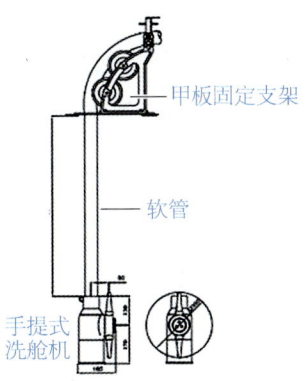
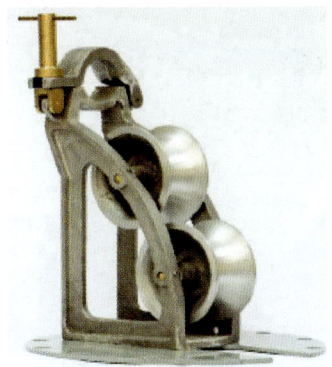

> 图205　手提式洗舱机外形图

架，再通过连接软管将手提式洗舱机从甲板小舱口盖的小孔放入舱内进行清洗。

货油舱透气系统

它的功能类似于压力锅上的安全阀，使锅内维持一定的压力，当压力超出锅所能承受的范围时，安全阀可以起跳、卸压；当内部压力低于设定值时，外部空气会通过透气阀进入油舱，以保护货舱的安全。

每个货油舱均应设有透气系统，以限制货油舱内的压力或真空度。

货油舱透气系统有2种功能：一是在货油装卸和驱除油气的过程中，使大量气体通过透气装置进出货油舱；二是在正常航行中，白天油舱内温度高，晚上油舱内温度下降。随着温度的变化，货油舱油气压力就时高时低，透气阀就能使少量的油气排出货油舱，少量空气或惰性气体进入货油舱。

原油船最常见的就是独立式高速透气阀。每一油舱单独引出一根竖直透气管，与其他舱室无关，透气管上方配有独立式压力/真空高速透气阀，透气阀的出口距主甲板至少2米以上。

货舱装油时，大量货油迅速入舱，使舱内空气压力快速增大。为避免积聚造成火灾危险，当压力达到设定值，该阀透气口打开，舱内油气以高于30米/秒的速度向上垂向喷出，使油蒸气得以分布扩散至舱面以上一定高度的危险区之外。

而货舱卸载时，大量油液迅速排出油舱，因压力降低形成真空而造成危险。为避免危险，当压力达到设定值，该阀透气口打开，空气会通过透气口进入舱内，进

> 图206 独立式高速透气阀布置典型图

行真空补偿。

油船在航行时，所有油舱口的舱口盖、观察孔及测量管孔等均须紧密关闭，避免油气散发于甲板上，同时也能防止甲板冲洗或洒水时海水流入舱内。当外界温度发生变化，引起油舱内气压升高或降低时，如果油舱不与大气连通，则油气就逐渐增加，将会产生足以破坏舱壁的压力。因此，配置透气系统后，使油舱内外压力均衡，可保证油舱内排出的油气能安全地通至大气。

油船专用泵

油船的甲板非常平整，除了居住舱和驾驶舱以外几乎没有其他耸立在甲板上的东西。在甲板上除行走天桥和露天管线外，往往在甲板上靠近船中部的位置设有一个大吊车，这个吊车是用来干什么的呢？原来，这个吊车是用于将一根专用的软管吊到油船上，使码头上的输油管道与油船自身的管道系统连接，进行货油的装载和卸载。油船上的管道系统从远处就可以看到。

那么船上的原油又是怎么从油舱外输至码头上的载油设备或油库的呢？这就需要专用的油船设备——货油泵，它能使货油在输油管路内流动，就如同人的心脏使血液在血管中流动一样，可以说货油泵就是油船的心脏。

> 图207 油船甲板上管路的布置

> 图208 油船上的货油管吊和集管区接头

货油泵

（1）货油泵的类型。

表2　货油泵的类型

类　　型	原动机	泵的型式	适用对象
泵舱安装式	蒸汽透平	立式离心泵	大中型油船
	电动机	离心泵	中小型油船
	柴油机	离心泵	小型油船
	电动机	螺杆泵	小型成品油船
货舱安装式	液压马达、变频电动机	潜液式离心泵	运载多品种的成品油船

几种类型的货油泵在油船上都有使用，采用哪种类型，直接与船的运营经济效益相关。货油泵的数量、排量及压头是根据该船装载货油的种类、数量、装卸时间、航行的港口、油库的远近及高低等因素而定的，但无论采用何种类型都应符合下列要求：

● 能保证安全作业，无火灾发生的可能性。

● 尽量使舱内的剩油减少到最低量。

● 尽量做到装置简单，操纵和检修方便。

（2）货油泵布置类型。按货油泵在船上安装位置，可分为泵舱安装式和货舱安装式两大类。

① 泵舱安装式货油泵系统。泵舱紧邻机舱，泵舱的底层布置货油泵。采用这种货油泵布置方式的船舶，货油舱内设专门的货油管道，从货油泵吸口连通到各个货油舱，其优点是货油泵设备简单、排量大、总质量轻、体积小；缺点是不便分舱运输，即货油品种不能太多，并且有可能产生货品污染。

泵舱安装式货油泵系统主要用于原油船，大型货油泵采用蒸汽透平机驱动，也可采用电动机或柴油机通过穿舱传动轴驱动货油泵。由于油船日趋大型化，要求货油泵的排量加大，驱动货油泵需要有更大功率的电动机，但是又受限于船上的主电站容量，因此目前国内建造的大型远洋油船多采用蒸汽透平驱动的货油泵。

② 货舱安装式货油泵系统。选用货舱安装式货油泵系统的油船，没有专门的货油泵舱，货油泵直接潜没在货油舱内，并通过座台悬挂在甲板上，因而也称为潜液泵或深井泵。这种立式结构的货油泵可以灵活布置，每个货舱中均可设置，再通过

第4章 走进"海上移动油库"——油船的船型特征与特有设备

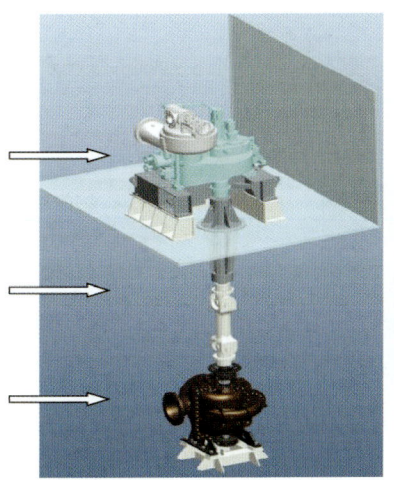

- 透平驱动装置
  动力驱动设备
- 隔舱传动装置
  动力传递和隔舱气密
- 货油泵
  货油泵送设备

> 图209 蒸汽透平机驱动货油泵外形图

> 图210 蒸汽透平机驱动货油泵布置典型图

甲板上的货油管系与装卸站横跨货油总管相连,任何一个产生故障,不影响其他货油泵的工作,因而大大提高了系统可靠性。由于每个货油舱可装一种油品,所以一条船上可装载多种不同的油品。

货舱安装式货油泵系统主要用于货品种类较多的成品油船,每个油舱都可以装不同品种的液货,保证液体间不会相互污染。

由于是分舱安装,全船配置的货液泵数量多在10套以上,数量取决于货油舱的个数;根据每个货油舱的舱容大小,可多种规格搭配使用,货油泵采用的动力形式不同,又可分为电动深井泵和液压深井泵。

目前,我国自主设计建造的油船上所使用的货油泵大多是欧洲、日本原装进口设备,而罕有国内品牌出现。本着"国人国造"的精神,我国的工程技术人员潜心研究货油泵的关键技术,从"仿造"开始,经过多年试验,如今已有了实船的应用,为今后油船降低建造成本做出了巨大贡献。

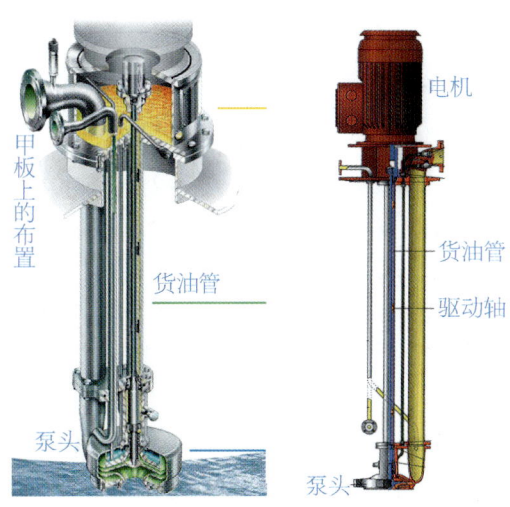

> 图211 电动深井泵典型布置图

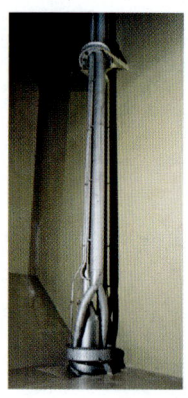 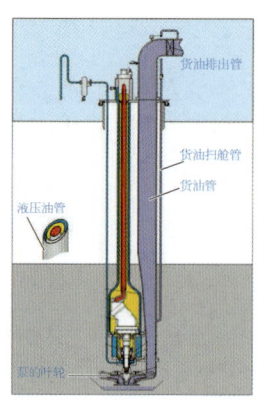 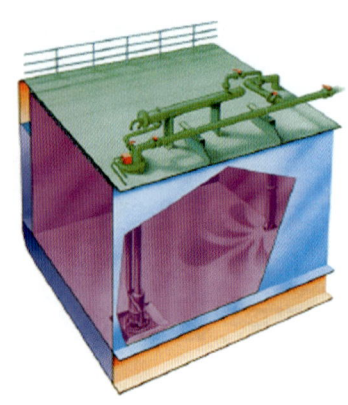

> 图212 液压深井泵典型布置图

扫舱泵

在大容量的货油泵卸货后，会在油舱内以及货油管路残留下少量货油，通过扫舱泵在各货油舱卸货尾期时进行扫舱操作，将油液排至岸上，或者排至船上的污油收集舱。

通常采用离心式泵舱货油泵的油船会设置扫舱泵，因为离心泵的缺点是没有干吸能力，当吸入口露出液面吸入空气后，造成泵的"打空"，这时舱底必然要剩余部分货油。因此，扫舱泵大多采用往复泵或者螺杆泵。

货舱安装式货油泵有自吸性能，所以扫舱能力强，通常不需要配置扫舱泵。

专用压载泵

当油船空载航行或装货较少时，船舶的稳性及抗风浪能力较差，这时需要将海水打入压载舱内，以增加船舶的稳性及安全性。为了防止污染、造成公害，压载泵不能用货油泵来兼用，要单独设置专用压载泵。

对货油泵设在泵舱内的常规油船，专用压载泵也设在泵舱内。

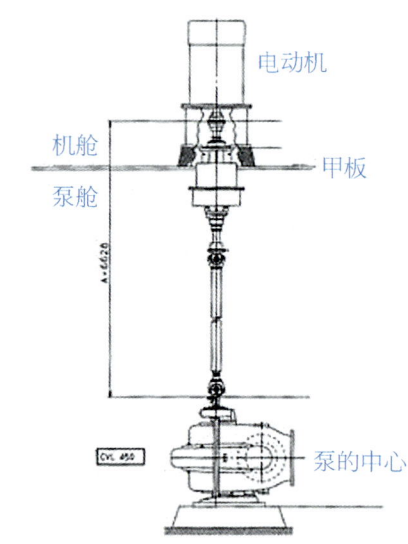

> 图213 泵舱安装压载泵典型布置图

对于载运多品种货油的成品油船，若货油泵采用潜液泵或深井泵，则专用压载泵也可使用潜液泵或深井泵，布置在压载舱内。

第4章 走进"海上移动油库"——油船的船型特征与特有设备

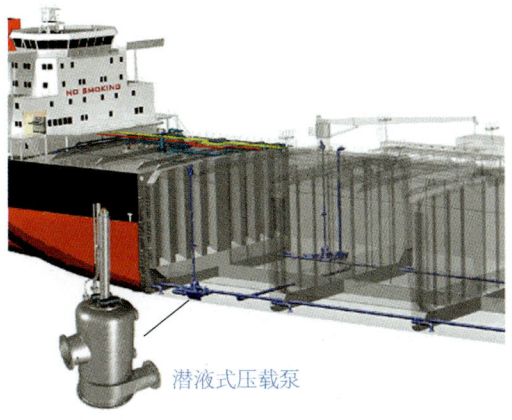

潜液式压载泵

> 图214 压载舱安装压载泵典型布置图

惰性气体系统

惰性气体系统是保护油船安全的重要系统。因为油船很容易具备爆燃所需的三因素：可燃物、氧气、引起燃烧的能量，所以也容易爆燃。

大型油船在卸油时，油品从油舱中快速排出，如外部空气进入油舱与油蒸气混合，往往形成易爆气体混合物。当遇到明火或火花时，就会发生爆炸性燃烧，其后果是船毁人亡，还会造成海洋重大污染事故。世界上每年都有这类事件发生，这给油船的航运安全敲响了警钟。在货油舱里，原油不断挥发，可燃气体不可避免地充满油舱上部整个空间。在航行的过程中，因各种原因会产生静电，而静电很可能产生实现燃爆的能量，因此必须想办法减少氧气的含量。

目前，对载重量8 000吨及以上、载运闪点不超过60摄氏度的原油船或成品油船，以及所有使用原油洗舱的油船，均应设置惰性气体系统，从而保证货油舱内的含氧量处于很低的水平，避免安全事故。

当油船装载着货油进行航行时，需要继续开启惰性气体系统对货油舱补气。在货油舱卸油时，货舱上部油气空间压力下降，需要吸入气体进行补充，如果补充空气，货油舱内可燃气体与空气中氧气混合可能达到爆燃状态，因此在货油舱卸货油时，需要充入惰性气体来保持货油舱上部

离 心 泵

离心泵是在泵内充满液体时，依靠工作叶轮旋转产生离心力，在离心力的作用下完成液体输送的泵。离心泵无自吸能力，启动前应先灌满水，或利用真空泵在货油泵进口处抽真空。

惰性气体

油船上所采用的惰性气体是指含氧量低于5%的气体，其主要成分是氮气、氮化物等，经过氧分仪测定低于5%的即可充入货油舱。

空间的惰化，以避免油气与氧气的混合。

在进行货油舱清洗后，人员进舱前需要利用惰性气体系统的风机，吸入新鲜空气驱除货油舱内的惰性气体，使舱内不会因存有惰性气体而影响作业人员健康。

甲板泡沫灭火系统

甲板泡沫灭火系统是油船、化学品船特有的消防系统。

当货舱区域发生火灾时，甲板泡沫灭火系统能可靠地将泡沫罐里的泡沫液输送到整个货油舱区域甲板，并能送入甲板已经破裂的任何货油舱内。

泡沫灭火的原理是使着火物覆盖一层一定厚度的泡沫，将着火物与空气中的氧隔绝，同时对着火物表面起到冷却作用，达到灭火目的。

泡沫灭火装置在油船的货油舱、燃

> 图215 甲板泡沫罐及泡沫泵外形图

> 图216 甲板泡沫炮的布置及操作平台

第4章 走进"海上移动油库"——油船的船型特征与特有设备

用液体燃料的机舱、锅炉舱等部位广泛采用。

通过实际应用，泡沫灭火系统在油类火灾上灭火效果较好，所以成为油船上的主要灭火工具之一。

 **蒸气收集系统**

在装油过程中，船舱内含油气体通常会直接排到大气中，持续时间较长、油品损耗量较大，油气排放不仅造成环境污染，而且也产生一定的安全隐患及资源浪费。为了减少油船蒸气污染大气，在现代船上需安装蒸气回收集管及相关设备。在装油时，该各油舱透气集管与码头上相应管系连接后，就可将舱内含油气体输送到岸上封闭的处理设备中，以避免污染大气。

欧美发达国家开展油码头油气回收工作近30年，取得较好的效果。目前，我国港口码头借鉴国外的先进技术经验，也开始逐步建设蒸气处理系统。

 **货油舱液位遥测系统**

为了控制油船油舱的油量或压载舱的液体压载，需要经常测量货油舱和压载舱的液位，尤其是在装油过程中，稍不留神，油就会冒出来，造成污染事故。

为配合装卸操作管理，实行集中监控，各货油舱/压载舱的液位及船舶吃水都在货油控制室集中显示。

基于以上要求，货油舱和专用压载舱必须装设液位遥测系统。

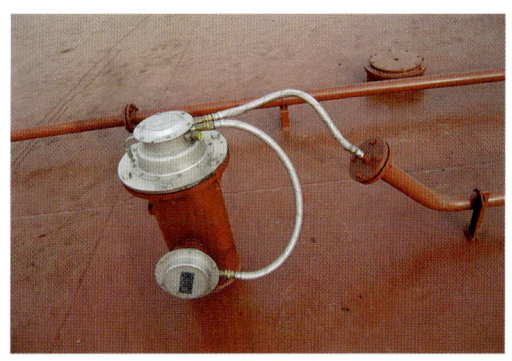

> 图217 货油舱雷达式液位遥测装置外形图

此外，为了防止货油装载过程溢油，货油舱还设有高液位（相应于货舱95%充装量）报警装置和高高液位（相应于货舱98%充装量）报警装置，以提醒操作人员及时关断加注阀门。

> 图218 货油舱高液位报警装置外形图

 **阀门遥控系统**

现代油船货油系统的阀门遥控一般都采用液压传动。它不受阀安装位置的限

制，体积小，转矩大，操作简单，阀的开闭速度容易调节，阀能停止在任意位置。

  货油系统以及相关的其他系统的操作和监控全部在货油控制室内实现。货油控制室内最主要的操控台叫货油控制台，外形有点像钢琴，控制台上的按钮、指示灯和仪表都实时反映了货油系统的状态。在货油控制台上可实时操控各遥控阀的开闭或调节开度。

  总之，油船的专用系统和设备必须由专人负责，这些人员须熟悉所有货油设备的操作及各系统间的联系。为了确保安全和防污染，油船每一次装卸货，他们都要按照规定做好例行检查、完成准备工作，并应有紧急预案，防止漏油、溢油或其他事故发生。

  油船的各重要系统和设备还须接受不定期的国际石油公司第三方的严格检查。

  油船上货油相关系统的设计最为关键，几个系统之间相互影响、相互制约，并且直接影响了油船船队运营的经济效益。高效的货油装卸系统，灵敏的液位遥测系统，安全可靠的惰性气体、透气系统，先进的洗舱设备，智能、自动化程度高的控制系统等，都必须经过设计师们的精确计算和选型，力争建造我国自主研发的新一代"安全、环保、绿色"油船。

> 图219 货油控制台

第4章 走进"海上移动油库"——油船的船型特征与特有设备

第5章

驯服"石油巨兽"
——油船的安全、环保

大海中的阴霾

油船泄漏事故的危害

传统的单壳油船，整体强度较差，如果发生碰撞、触礁事故，单层钢板破碎后，货油就会直接泄漏到大海中。由于货油含有大量易燃易爆、易腐蚀、有毒的材料，一旦发生火灾或泄漏事故，火势会迅速蔓延，同时会伴随着爆炸、复燃复爆。原油在自然界中闪点大于28摄氏度，属乙类危险物品，其产生的油气在密封船舱、管道中都有引燃爆炸的先例。随着全球原油需求量的增长，油船数量不断增多，吨位不断加大，油船的泄漏事故也相应增加。

造成原油泄漏的原因可分为三类：战争；钻井平台失控；油船事故。据统计，超过100万桶的石油泄漏事故主要是由油船事故造成的。

让我们看看那些触目惊心的油船泄漏事故吧！

1967年3月18日，利比里亚籍油船"托利·卡尼翁"号（Torrey Canyon）在英吉利海峡附近海域触礁断裂为两截后沉入海底，导致约12万吨原油泄漏，使英国、

> 图220 "托利·卡尼翁"号油船触礁断裂沉没

法国和荷兰海岸大面积油污染，蒙受巨大损失。

英国政府对这次世界上第一起造成航运史上最严重，也是最著名的油船漏油污染事件显得措手不及。时任首相哈罗德·威尔逊命令英国皇家空军将42.1万磅（约合19万千克）凝固汽油弹空投至事发水域，原本预想大火可以将污染海面的浮油燃烧掉，但大火却由于海水涨潮而被熄灭了。于是英国政府又不得不重新派出飞机投掷了16枚火箭、161枚炸弹、1 500吨凝固汽油弹和超过4万升航空煤油用于处理这次事故的污染。这些有毒溶剂被冲上受原油污染的海岸线沙滩，对陆地和海上野生动物造成更为不利的影响。

最后经调查发现，"托利·卡尼翁"号的船长为了节省时间，选择了抄近路前往米尔福德港，而操舵人员忽略了船舶正处于自动舵状态，才导致船舶触礁。

1978年3月16日，"阿莫科·卡迪兹"

> 图221　"阿莫科·卡迪兹"号油船在法国布列塔尼海岸触礁搁浅

> 图222　受污染的浮游生物

号（Amoco Cadiz）油船满载162万桶轻质原油在法国布列塔尼半岛附近海域遭遇了强风暴而撞上岩礁，船体破损，并迅速沉入海底，造成溢油22.3万吨，形成近2 000平方海里的黑油层，泄漏的原油漂到3 000千米以外的法国海岸线，海滨浴场全部被毁，导致2万只海鸟、9 000余吨牡蛎以及数百万栖息于海底的海星和海胆等浮游生物死亡，生态环境遭受巨大破坏。

1979年7月19日，在委内瑞拉海域，因强热带风暴袭击，满载原油的超大型油船"大西洋女皇"号和"爱琴海船长"号碰撞后爆燃，造成了迄今历史上最严重的油船漏油事故。"爱琴海船长"号的火势很快被控制，而"大西洋女皇"号则在被拖离海岸线约1 700千米后发生爆炸，沉入大海，26名船员遇难，将近28.7万吨的原油流入加勒比海。

1983年8月6日，在距离南非西北部开普敦112.6千米处，"贝利韦尔城堡"号（Castillo de Bellver）油船突然着火，船员弃船逃生，油船漂到近海区域断成两截，

> 图224 "贝利韦尔城堡"号油船着火

> 图225 海岛上鲣鸟受污染死亡

艉部的船体翻转，25.2万吨原油流入南非海域，约1 500余只鲣鸟受污染死亡。

1989年3月23日，美国埃克森公司的超大型油船"埃克森·瓦尔迪兹"号船长约瑟夫·哈泽尔伍德为了打发时间和御寒，竟然喝了一瓶烈酒，在酒醉状态下指挥失误，油船偏离预定航道，在驶入阿拉斯加州的威廉王子峡湾时为避让冰山而触礁，造成船体裂开，大量原油流入冰冷的大海中，周围数英里海岸线漂浮着沥青般的黑

> 图223 "大西洋女皇"号油船发生爆炸

第5章 驯服"石油巨兽"——油船的安全、环保 | 135

> 图226 "埃克森·瓦尔迪兹"号超大型油船触礁

> 图227 数英里海岸漂浮着沥青样的黏稠物和死亡的野生动物

色黏稠物，25万多只海鸟和几千头海洋哺乳动物死亡。

埃克森公司调动了1万多名工人、1 000多艘船只进行清理工作，工人们从海洋表面把石油刮到收集石油的吸附设备上，此次事故损失超过约50亿美元，是美国历史上最大的一次石油泄漏事故。

> 图228 工人们清理事故现场

> 图229 大火吞噬"MT天堂"号油船

1991年4月，满载原油的"MT天堂"号油船在行至意大利海岸附近时突然发生爆燃，整个船身被大火吞噬，火苗窜至100多米高，造成6人丧生，泄漏石油107万桶（约14.5万吨），油船燃烧了整整3天后沉入大海。意大利和法国花了10多年时间才使当地海岸优美的环境得以恢复。

1991年5月初，装运了26万吨重油的伊朗籍油船"ABT夏日"号，在距安哥拉海岸约1 448千米处油舱发生泄漏后爆燃，油船足足燃烧了3天，浮漂在海面的原油大部分被点燃烧掉，5名船员死亡，油船

> 图230 沉入大海的"MT天堂"号油船

第5章 驯服"石油巨兽"——油船的安全、环保　　137

残骸沉入海底，207平方千米的海域遭到污染。

1999年12月12日，法国"埃里卡"号油船在法国西北部布列塔尼半岛附近的海域遭遇风暴，船体断成两截后沉入大海，船上运载的2万多吨重油泄漏，造成海域大面积污染，约7.5万只海鸟死亡。这是法国历史上最严重的海上石油泄漏污染事故，为此法国强迫单壳油船退役。

> 图232　法国"埃里卡"号油船断裂沉没

> 图231　"ABT夏日"号油船

> 图233　被污染的海鸟卧在海滩上

2002年11月19日，希腊"威望"号油船在西班牙加利西亚海岸120千米海域处，船体断裂成两截，7.7万吨重燃料油流入大西洋，对西班牙东北部海岸造成长期的破坏。这也是世界上最严重的燃油泄漏事件之一。

2018年1月6日20时许，巴拿马籍油船"桑吉"号（Sanchi）在我国长江口以东约160海里处，与香港籍散货船"长峰水晶"号发生相撞后失火。

"桑吉"号装运13.6万吨凝析油，相当于1 400个一级加油站的储量，船舱自身油箱还装有近1 000吨重柴油。

"桑吉"号发生碰撞事故后，我国即

> 图234 "威望"号油船断裂两截后沉没

> 图235 凝析油（右）与普通原油的外观比较

> 图236 巴拿马籍油船"桑吉"号

第5章 驯服"石油巨兽"——油船的安全、环保

> 图237 "桑吉"号油船撞船后全船失火

> 图239 4名中方救援人员冒着生命危险登上"桑吉"号油船搜救

派出多艘船只进行搜救，韩国、日本也分别派出海警船和消防船协助救助。

2018年1月14日中午，燃烧了8天的"桑吉"号突然发生爆燃，火焰高达800~1 000米。13时45分左右，"桑吉"号全部被浓烟笼罩，最终沉没。就在"桑吉"号油船爆燃沉没前，徐军林、徐震涛、卢平、冯亚军等4名中方人员乘坐"深潜"号接近事故船只，冒着生命危险登船搜救。

此后，"桑吉"号在海面上的残留物

> 图238 我国"东海救117"号用泡沫灭火

 小 贴 士

什么是凝析油？

凝析油又称天然汽油，是从凝析气田或者油田伴生天然气凝析出来的液相组分。凝析油在地下高温高压环境中为气态，开采后由于温度、压力的变化凝析为液态。由于包含有毒的硫化氢及硫醇等成分，凝析油对人体有一定毒性和刺激性，挥发后会对大气造成一定污染，在接卸、储存过程中易造成恶臭及中毒等安全环保事故。

和残油还在燃烧,形成了10平方千米的油污带。泄漏在海底的燃油污染深层海水和海底沉积物,将会对周边海洋环境产生十几年甚至几十年的影响。

据统计,全世界每年航运排入海洋的石油污染物达160万～200万吨,其中1/3是油船泄漏事故所造成的。

> 图240 "桑吉"号在海面上上残留物和残油在燃烧

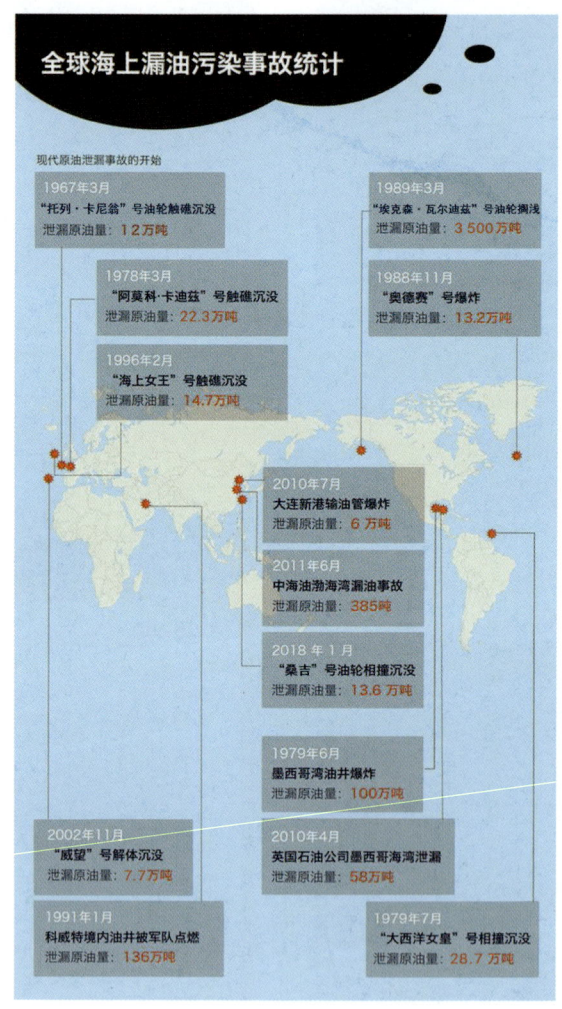

> 图241 全球海上漏油污染事故统计

第5章 驯服"石油巨兽"——油船的安全、环保

吃一堑、长一智
国际规则的改变

20世纪90年代之前建造的油船基本为单壳油船,整体强度较差,而由单壳油船频频引发的石油泄漏事故,使得全球谈"单壳"色变,国际社会要求淘汰单壳油船的呼声越来越高。1989年"埃克森·瓦尔迪兹"号油船事故后,美国率先于1990年8月通过了《1990年防油污染法》(简称OPA '90)。世界各国船东相继订造双壳体油船,以满足OPA '90的要求。国际海事组织(IMO)迅速跟随,于1991年11月通过MEPC52(32)决议案。1992年3月,IMO的海洋环境保护委员会在伦敦召开了第32届会议,提出了双壳体油船结构新规则,规定所有1996年后建造的5 000吨以上的油船必须具有双壳或中层水平中隔舱构造(MID-DECK CONSTRUCTION)。

1994年以后,双壳体油船迅速发展,逐渐取代单壳油船。此后,IMO又引出了针对单壳油船的MARPOL附则Ⅰ2001年和2003年修正案,加快了单壳油船的淘汰步伐。IMO决定从2005年开始,只有双壳体油船可以在海洋上运行。

国际海事组织(IMO)

国际海事组织(IMO)是联合国系统内主管海上安全和防止船舶造成海洋污染及其法律问题的专门机构。IMO总部设在伦敦,其全部技术工作由5个委员会实施,即海上安全委员会、海上环境保护委员会(MEPC)、法律委员会、技术合作委员会和便利运输委员会。

双壳体油船

双壳体油船是指一种船底和舷侧为双层结构的油船,其货油舱底部和两舷有连续的双层壳体,除了可以用来承载压载水外,还可以防止或减少由于搁浅、碰撞等导致底部或边壳破损造成的油污染。

对"泄油"事故的应急处理

随着石油工业的迅速发展，远洋的原油船运输越来越繁忙，"泄油"事故给这个世界带来越来越大的隐患。

面对海洋"泄油"事故，如何进行应急处理呢？

 **初期救援工作**

事故发生后要先对现场的险情做出详细的分析和正确的判断。

而后寻找到原油泄漏的源头，并采取合理的关闭措施（通常采用关闭防喷器的措施）。

 **船上消防设备**

在油船相应部位必须配备灭火器材，船员必须通过培训熟悉和掌握灭火器材的使用和维护。

 对污染海面的应急处理措施

在泄漏原油尚未扩大的情况下，对其进行围堵，减少原油污染面积扩大。必要时可动用直升机、船舶及大型收油设备（围油栏、撇油器等）进行围堵、隔离或对泄漏原油进行回收等。

目前，针对海洋溢油事故主要有以下5种应急处理措施：

消油剂处理

消油剂除油原理就像肥皂和洗发水，通过分子作用将浮油分解成微小的液滴（直径小于人类的头发），分解后的微小油

> 图242 油船甲板泡沫储存柜

> 图243 油船应急消防泵

第5章 驯服"石油巨兽"——油船的安全、环保

> 图244 直升机救援

> 图245 对污染点进行围堵

水乳化物（一般潜在水体20～30厘米处）经过一段时间就可在微生物、光和热的作用下降解消失。

消油剂已广泛运用在海上泄漏事故的处理，1978年的"阿莫科·卡迪兹"号事故和1979年的"大西洋女皇"号事故都采用了大量的消油剂来处理。

消油剂为何如此广受欢迎？

第一，可以通过飞机喷洒消油剂，这

> 图246　应急船舶为事故区域喷洒消油剂

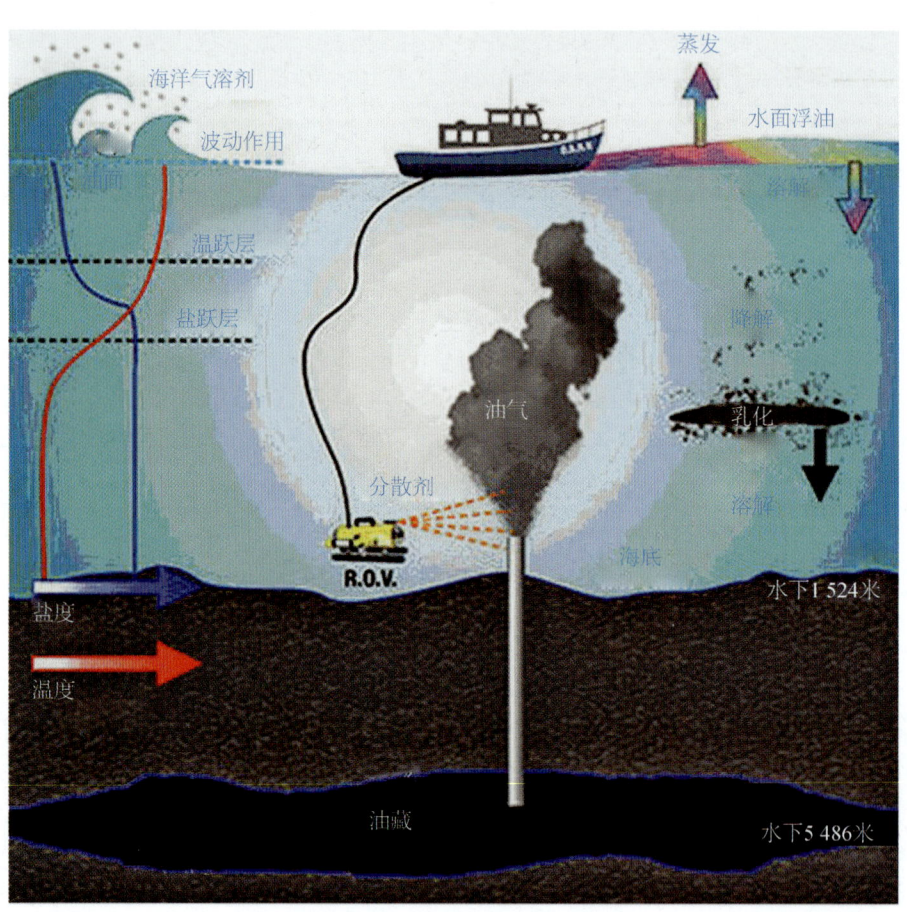

> 图247　用消油剂处理水下泄漏的原油

第5章 驯服"石油巨兽"——油船的安全、环保

样可以在最短的时间内到达原油泄漏的位置。第二，消油剂可以直接下放到原油在水下泄漏处，防止石油到达海面。第三，消油剂不受恶劣天气的限制。

另外，海面喷洒消油剂可以大面积消散浮油，阻止浮油蔓延到海岸线。

但是消油剂处理也存在一些隐患：原油与消油剂结合会形成新的化学物质，可能影响近岸的生态环境，因此该方法仅适用于开阔、水流快、温度高的水域，而在敏感区域、封闭水域及浅水区并不适用。

机械回收法

机械回收的原理是先用围油栏收集浮油，再用撇油器回收溢油，被回收的溢油流入储油罐内保存。

该方法主要用于浮油密集型区域，不会带来二次污染，几乎所有的漏油事故中都会采用机械回收。但是回收效率受原油性质、海域环境等条件影响，回收率较低（通常为10%～20%）。

燃烧法

燃烧法是直接用防火围油栏收集泄漏原油，然后点火烧掉。

该方法可以快速消除大量的石油，但是燃烧产生的气体及固体残渣都会造成二

> 图249　撇油器

> 图248　围油栏收集浮油

> 图250 撇油器作业

> 图251 防火围油栏收集浮油

第5章 驯服"石油巨兽"——油船的安全、环保

> 图252 点燃防火围油栏收集的浮油

次污染。

人工清除法

人工清除法就是人工利用一些简易设备如铁铲、高压清洗装置等清除岸滩周围的溢油。这里的高压清洗装置如同洗车用的高压清洗装置，利用水的冲击力将原油剥离。

该方法对于消除岸滩以及石头上的浮油有一定的效果，可以减少溢油对岸滩生态环境的影响。

自然作用

自然作用就像人体的免疫系统，在面对溢油时会发挥强大的自我修复能力，包括生物降解、光氧化、挥发、溶解、沉降等作用，而且这种能力远远超过人类被动的清除能力。在全球最大的几起漏油事故中，有50%以上原油是通过自然作用蒸发掉的。

> 图253 利用高压清洗装置清除岸滩溢油

> 图254 通过吸油毛毡和吸油拖栏进行二次清理

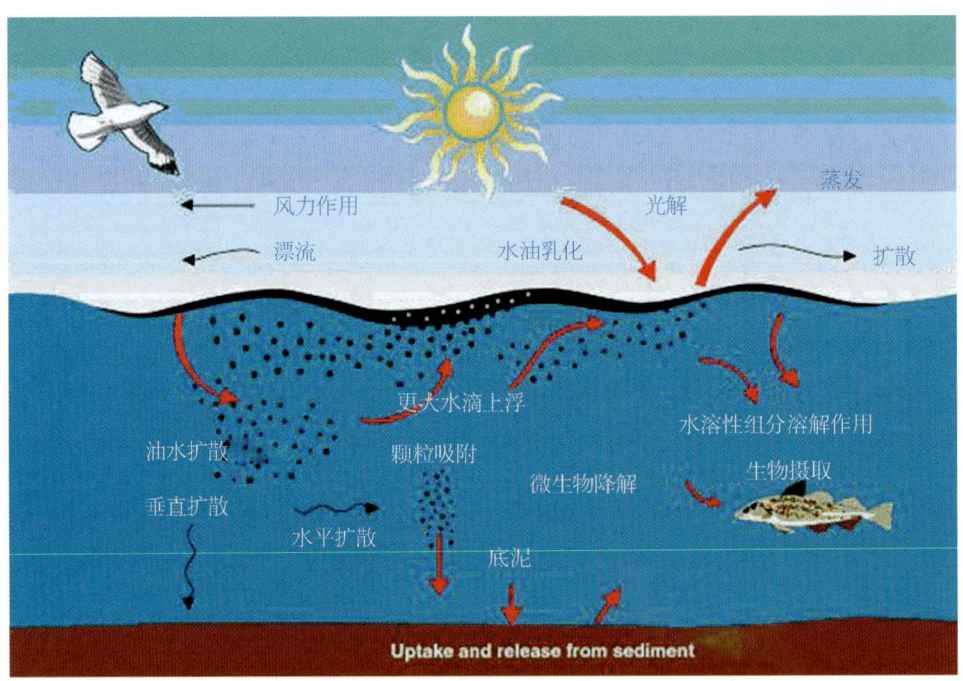

> 图255 生物圈中自然作用处理浮油

第5章 驯服"石油巨兽"——油船的安全、环保

E3油船应运而生

随着单壳油船被淘汰，E3油船应运而生。

E3油船具有以下几个主要特点：

（1）采用双壳体。

（2）采用短货油舱（不设制荡舱壁），大大简化了结构和减少洗舱时间。

（3）不用氯氟烃（CFC）制冷剂，减少对生态环境的影响。

（4）为减少港内的废气排放，在港内作业时采用另一套柴油机组，使用轻质燃油，大大减少二氧化硫的排放。

（5）采用Grim环轮，装在桨后，为直径稍大于螺旋桨的自转桨，不需供能，依靠主螺旋桨的尾流而旋转，其桨叶方向与主螺旋桨相反，借此回收能量。

（6）采用Simpac舵，这是一种分成上下两半、各带舵轴并可单独或联合传动，任何一半舵作用时船即能转向，在全速航行时只需用半个舵就能正常地操纵，既安全，又经济。

（7）双壳体VLCC的压载舱一直被认为是最危险区域，E3船采取压载舱安全保障体系，使危险程度减到最小。

（8）采用水下声呐系统，用于发现前进中的障碍物及浅滩等，其测定范围是前面3 500米，两侧60度范围各1 900米，这样有足够的时间转向以防止碰撞或搁浅。

小贴士

E3油船

"E3"的含义是European（欧洲的）、Ecological（生态的）、Economical（经济的）三字的第一个字母，是新一代跨世纪的VLCC。

E3油船是载重量为28万吨的双壳体原油船，是20世纪90年代初由西班牙、法国、德国及意大利4国的5个船厂联合开发的。

第 6 章
未来的油船

未来，油船的发展方向将指向哪里？从目前来看，开发节能环保油船、智能油船以及适合北极航线航行的冰区油船均是未来油船发展的主航向。

节能环保油船

节能

船舶节能技术目前主要包括水动力优化和机器设备优化。

水动力优化

（1）降低船舶航行阻力。船舶航行中的阻力主要来自水阻力及风阻力，降低船舶在航行中的阻力是节能的基础，其主要方法有：

① 通过线型优化，降低船舶在静水及波浪中的阻力。

② 通过低阻油漆减少水线下摩擦阻力。

③ 通过上层建筑风阻优化，降低船舶的风阻力。

（2）提高船舶推进效率。船舶前进的动力是由主机通过轴系至螺旋桨，由螺旋桨产生推力，推动船前进的。通过螺旋桨优化及水动力节能装置应用来提高船舶推进效率。

螺旋桨优化是采用大直径螺旋桨匹配低速主机来提高螺旋桨效率，但是大直径螺旋桨需要有充足压载水量保证，以确保压载状态螺旋桨的充分浸没与合理纵倾。

水动力节能装置的节能效果因船因桨而异，因此针对不同线型、不同螺旋桨应采用不同的节能装置。尾部节能装置根据

> 图256　4.8万吨油船上的预旋导管

安装位置主要分为桨前、桨中和桨后。

① 桨前：通过前置导管、预旋定子、预旋导管等进行预旋、整流，提高推进效率。

② 桨中：通过螺旋桨优化、毂帽鳍消除螺旋桨毂后面的涡流，提高螺旋桨效率。

③ 桨后：通过舵球、舵推力鳍等回收

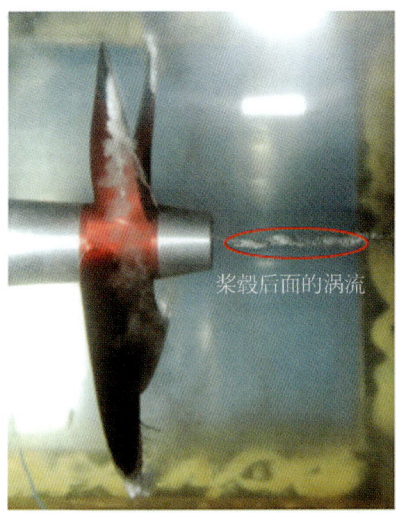
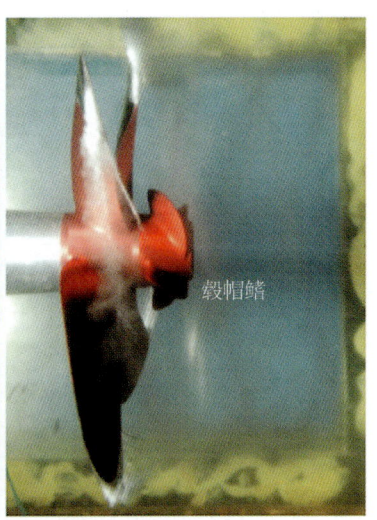

> 图257　桨毂后面的涡流和毂帽鳍

> 图258　VLCC上的前置导管和舵推力鳍

螺旋桨旋转能量。

（3）风力旋筒。风力旋筒是利用马格努斯效应（Magnus effect）获得推力的装置，可用于船舶推进。风力旋筒的效率比传统风帆高10倍左右，因此更小的风帆面积能够产生更大的升力。它操作简单，工作时不需收放船帆，在理想的风力和航速条件下应用旋筒风帆的船舶最多可节省1/4的燃油。

风力旋筒是在船舶敞开甲板上放置的圆筒，并绕其主竖轴旋转，以利用风能。按理论计算，旋筒风帆投入使用后可在相同航速下每天平均降低4吨左右的主机油耗。

（4）气膜减阻。气膜减阻是通过鼓风机向船底喷出空气，在船底形成一层薄薄的微小气泡空气膜，以取代船底与水的接触，从而减少船舶摩擦阻力。对于摩擦阻力为主的油船，平行中体较长，使用该技术会取得较好效果。

（5）全球首艘带"翅膀"的VLCC成功交付。2018年11月13日，大船集团为招商轮船建造的全球首艘30.8万吨风帆VLCC"凯力"号交付使用。

"风帆技术示范应用开发"项目是由大船集团牵头承担的国家高技术船舶科研计划，是国家工信部批复的围绕主力船型节能减排的创新性重点项目，在VLCC实船上的应用在国内尚属首次。该项目在风帆样机的尺寸、安装船舶的吨位等均属国内和国际业界的创新和填补空白项目。

风帆VLCC"凯力"号的成功，标志着我国研发团队成功掌握了翼型风帆研发、设计、制造与应用关键技术，高质量完成了风帆在VLCC上工程化应用，填补了国际空白，为市场竞争创造有利条件。

机器设备优化

（1）降低主机单位油耗。近年来主机

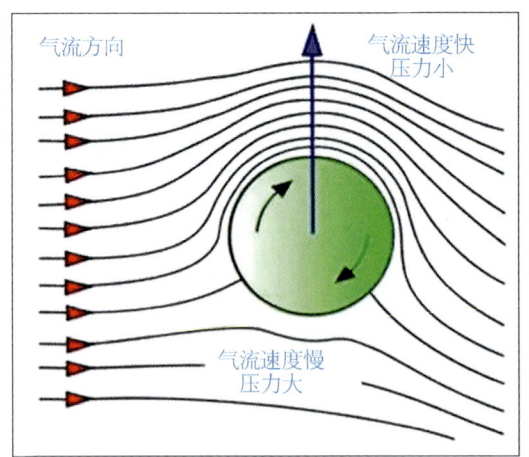

> 图259　马格努斯效应原理图

> 图260　气膜减阻

第6章　未来的油船

155

> 图261　风帆VLCC"凯力"号

厂商纷纷推出了超长冲程低转速的高效主机（G型机、X型机）。与其他短冲程发动机相比，有更高的效率，单位油耗更低。更低的转速可以匹配更大的螺旋桨，螺旋桨直径越大，推进效率越高，油耗降低效

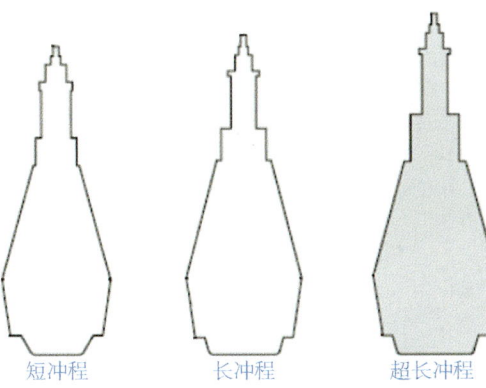

短冲程　　长冲程　　超长冲程

> 图262　采用超长冲程主机提高效率

小贴士

马格努斯效应

马格努斯效应是一种流体力学现象，即在气流中运动的旋转球体或圆柱体，由于在球体或圆柱体两侧形成压力差，球体或柱体向低压一侧运动的现象。德国物理学家马格努斯发现并描述了这一现象，因此以其名字为这一现象命名。马格努斯效应是在生活中常见的现象，如在足球等球类运动中，一些看似诡异的球体运动曲线，比如"香蕉球"，就是马格努斯效应的实例。

果更明显。

（2）辅助系统优化。

① 通过对功率、油耗、外部环境等数据的实时收集，既可以监测船舶的能耗情况，又可以辅助船队科学决策，使船舶保持在最佳航行状态。

② 不同环境、不同工况下运行的节能潜力可以通过变频技术挖掘，如海水冷却系统变频泵、机舱变频风机等。

环保

船舶环保目前主要有液化天然气（LNG）燃料应用、清洁能源和排放控制。

LNG燃料应用

随着燃油成本的日益上涨以及排放要求的提高，LNG作为新型替代燃料，受到越来越多的关注。其最主要的优点是对环境的污染较小，除了可以减少约20%的二氧化碳排放量外，还可以减少90%的氮氧化物（NO_x）、100%的硫化物（SO_x）和颗粒物排放。

清洁能源应用

采用太阳能、风能、燃料电池、核能等取代目前广泛应用的石油、天然气等燃料，可以进一步降低排放，但现阶段受技术、配套等限制还无法普及。今后清洁能源定会有更大的发展。

排放控制

（1）氮氧化物（NO_x）排放控制。氮氧化物是产生光化学烟雾的污染源。IMO提出航行在氮氧化物排放控制区（NECA）

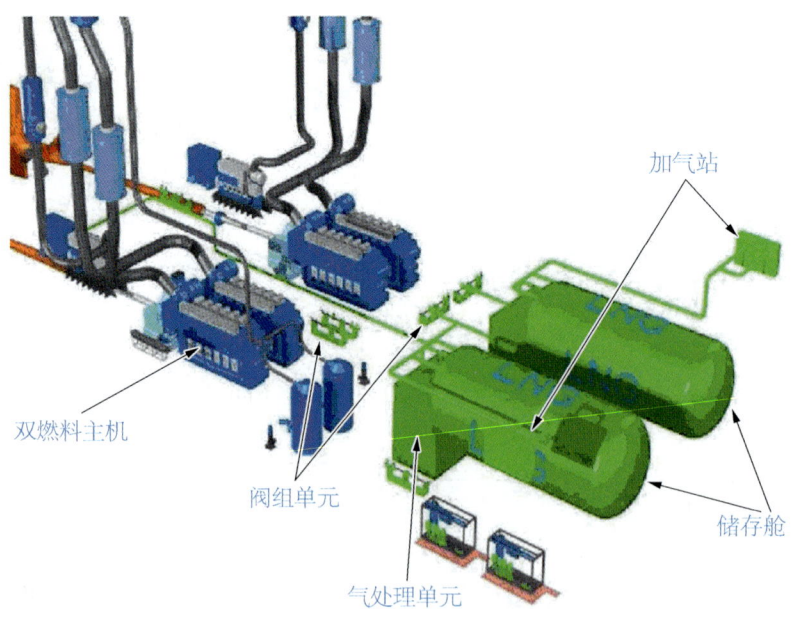

> 图263　LNG燃料系统

第6章 未来的油船　157

> 图264　满足Tier3排放要求的技术手段

应满足第三等级（Tier3）的排放要求，排放控制的手段主要有选择性催化还原（SCR）、废气再循环（EGR）和LNG燃料，其中SCR技术又分为高压和低压两种。

（2）硫氧化物排放控制。硫氧化物是大气污染、环境酸化的主要污染物。对于硫氧化物排放控制区（SECA），IMO做出了2020年实施0.5%的全球海域硫氧化物排放限值的决定。

解决硫氧化物排放的主要方案：

① 使用低硫燃油是最简单方案，对技术的影响有限，也适用于大多数船舶。

② 安装脱硫洗涤塔（scrubber）能确保船舶在航行过程中使用高硫燃油并满足硫排放限制，但安装布置要求较高，初投资也较高，因此洗涤塔尚未能大规模应用。

（3）防止压载水污染。据报道，每年全球船舶携带的压载水超过120亿吨，平

> 图265　脱硫洗涤塔在船上的安装

小贴士

船舶排放控制区

各国家地区可根据自身要求申请设定船舶排放控制区，对进入排放控制区内的船舶实行严格的排放标准。目前已生效的氮氧化物排放控制区包括北美和加勒比海区域。北海和波罗的海氮氧化物排放控制区将于2021年生效。

均每立方米压载水有浮游动植物1.1亿个，每天全球在压载水中携带的生物就有4 500种，已被确认约有500种生物物种是由船舶压载水排放的。因此，全球环保基金组织（GEF）已将压载水污染列为海洋面临的"四大危害"之一。

国际海事组织压载水管理公约在我国将于2019年11月22日正式生效。目前油船上大多采用通过电解海水产生氯气来杀死压载水中生物的处理装置。

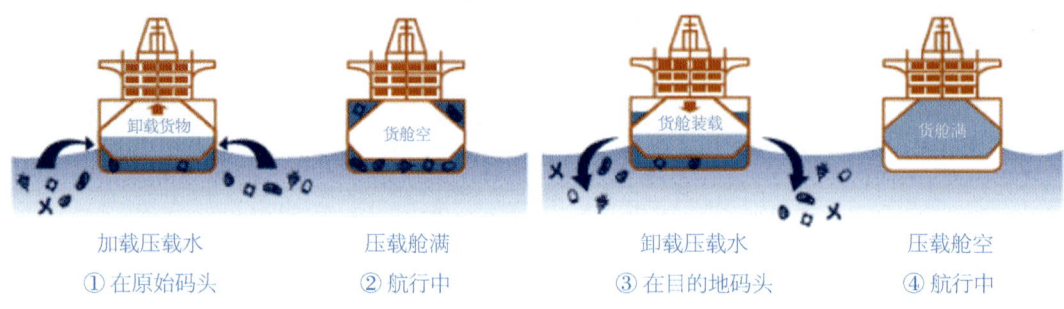

> 图266　压载水排放物种流程

智能油船

智能船舶是指船舶利用传感器、物联网、互联网等技术手段，自动感知和获得内部各零部件及外部海洋环境、天气、物流、港口等方面的信息和数据，在航行、管理和维修等方面实现智能化。

智能油船可分为三个阶段：第一阶段是有人智能化油船；第二阶段是实现部分自主操作及远程控制的油船；第三阶段发展到高度智能，即船岸互联，完全无人自主航行的油船。

智能航行

利用计算机技术、控制技术等获得的信息进行分析和处理，使船舶能在开阔水域、狭窄水道、复杂环境条件下自动避碰，实现自主航行。

第6章 未来的油船

智能船体

通过船体数据库的建立与维护，为船体全生命周期内的安全和结构维修保养提供辅助决策，同时还可提供船舶操纵的辅助决策。

智能机舱

利用状态监测系统所获得的各种信息和数据，制定机械设备操作决策和维护保养计划。

智能能效管理

从检测船舶航行状态、能效、耗能状况以及气象环境所获取的数据，为船舶能效管理提供辅助决策建议。

智能货物管理

对货舱、货物监测和货物保护系统进行监测，并配有自动装卸货系统。

智能集成平台

将智能航行、智能机舱、智能能效管理三个系统的数据综合，形成船上数据与应用的统一集成平台，以实现对船舶的全面监控与智能化管理。

> 图267 智能油船"凯征"号俯瞰图

中国船级社智能船级符号i-SHIP（I，N，M，Et，C）。实现了智能船舶1.0的落地应用。

未来智能船舶将向更高水平的2.0、3.0方向发展，包括智能航行环境感知、自

油船的智能化发展

船舶的智能化是国际上航运业和造船业发展的热点方向，中国船级社在世界上发布了首部《智能船舶入级规范》。2019年交付的30万吨VLCC"凯征"号是全球首艘智能VLCC，该船设有可以实现船岸一体通信的网络和数据平台，实现了智能辅助驾驶、智能机舱设备运维、智能船舶能效管理和智能液货管理等功能，获得

《智能船舶规范》

全球首个《智能船舶规范》由中国船级社于2015年12月发布，从六个方面（智能航行、智能船体、智能机舱、智能能效管理、智能货物管理、智能集成平台）制定了相应规范。

主避碰、遥控/自主驾驶、遥控/自主靠离泊、船用设备智能化等智能化功能将不断升级，同时必须提升网络和信息安全防护能力和构建智能船舶规范标准体系。

> 图268 智能油船"凯征"号的甲板输油管

> 图269 全球首艘智能VLCC"凯征"号雄姿

冰区油船

冰区有丰富的资源

除了绿色油船和智能油船之外，北极地区的冰区油船也被当今航运界和造船界予以关注。

通常所说的"北极地区"指的是北极圈（北纬66度34分）以北的区域，总面积约2 100万平方千米（超过俄罗斯领土面积）。其中，陆地面积约800万平方千米，分属于俄罗斯、加拿大、美国、丹麦、挪威、冰岛、芬兰、瑞典这8个国家，前5个还是北冰洋沿岸国家。

"北极开发"之所以被重视，主要源于北极地区丰富的自然资源。据统计，大约有1.2万亿吨的油气资源分布在北极，

> 图270 北极东北航道与传统航道

其中从北部海域航线的西部地区（巴伦支海和喀拉海）运出的物品一半是石油，俄罗斯北极区域的原油主要来源于西西伯利亚油田等3个油田。近年来，北极地区油气资源的开发利用出现了快速发展，这大大激发了世界冰区油船市场的开发，世界上一些造船强国正致力于研发适合北极航线的船舶。

虽然我国现在不拥有北极圈内领土，也不是北冰洋沿岸国家，但中国的国家利益与北极地区还是密切相关的。随着中国的经济发展和"一带一路"倡议的实施，北极地区的自然资源和地缘战略价值对中国的意义也日益凸显，中国也越来越重视并积极参与北极地区事务。2013年5月，中国成为北极理事会观察员国。

 **冰区油船的现状及发展趋势**

据统计，截至2011年10月，世界运营中的冰区油船船队（以芬兰—瑞典冰级符号为统计标准）共有364艘，约2 130万载重吨。其中，1A Super冰级油船有29艘、79.3万载重吨；1A冰级油船有126艘、1 041.2万载重吨；1B冰级油船有85艘、327.8万载重吨；1C冰级油船有124艘、681.6万载重吨。

以载重吨计，冰区原油船最多，达到945.5万载重吨；以艘数计，冰区成品油船最多，达到195艘。如果以船型计，阿芙拉型冰区油船不仅艘数最多，而且总吨位

> 图271 海冰

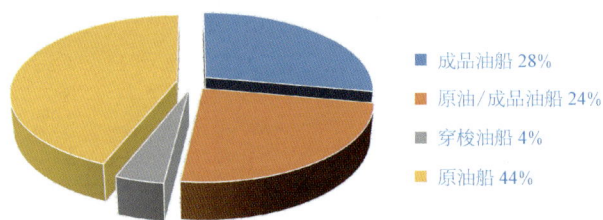

■ 成品油船 28%
■ 原油/成品油船 24%
■ 穿梭油船 4%
■ 原油船 44%

> 图272 按载重吨计的各种冰区油船所占份额

也最大。

从冰区油船建造国家来看，目前韩国可谓一枝独秀，建造量占世界冰区油船建造市场的68.3%，其次是克罗地亚和日本，市场份额分别为10%和7.3%。从建造船厂来看，世界前五大冰区油船建造厂有四家为韩国船厂，分别是现代重工、三星重工、STX造船、大宇造船与海洋工程。

从冰区油船的船东来看，前12位航运公司均分布在欧洲，第一位是俄罗斯的公司，第二位和第三位都是希腊的公司，其他还有比利时、英国、瑞典、挪威和芬兰等国的航运公司。

虽然北极航道在短时间内尚不能取代传统航道，但专家估计，随着气候变暖、海冰消融，北极地区航道的前景将越发光明。北极航道是北半球航运中更接近直线的航道，两点间直线距离最短，通过北极航道连接西欧、东亚与北美的航道比绕道苏伊士运河或巴拿马运河的传统航道航程可缩短25%～40%。未来，国际航运的重心将转向北极，绝大多数货物将会通过北极航道运输，冰区船舶的需求量将会大大增加，而成为世界船舶订单中的主角。

由于气候、地理环境等多种原因，对在北极航道航行的油船的安全性提出了更高的要求，所以研究和开发适合冰区与低温的油船已提到日程上了。

典型冰区油船

"玛斯特拉"号（Mastera）

由阿克尔北极技术公司（AARC）开发、日本住友公司建造、富腾油气公司（Fortum）使用的"玛斯特拉"号106 000载重吨冰区油船，用于波罗的海和伯朝拉河石油运输。该船总长252米，型宽44米，至主甲板型深22.5米，货舱12个，货舱容积12.363万立方米，航速15.1节。

该型船采用双动力推进，球鼻艏能够在波罗的海薄冰环境下操作，破冰型船尾能够在波罗的海严重冰情下独立操作。船尾安装有一个可以360度旋转的推进器，极大地提高了油船的操纵性，并配备一个直径为7.6米的定距螺旋桨，采用"牵引"模式，在吊舱转动时可以作为艏部螺旋桨使用，极好地平衡了敞水性能和破冰性能，为冰区船舶开创了新的操作方式。该型船满足芬兰-瑞典1A Super冰级船舶在各种环境下操作的速度要求，在暖冬时可以先采用球鼻艏在芬兰湾中操作，只有在大范围的碎冰场或大型冰脊环境下才先采用船尾前行。

"史丹纳·北极"号（Stena Arctica）

瑞典史丹纳·布尔克公司（Stena Bulk）开发、现代重工建造、耐思特石油公司（Neste Oil）使用的"史丹纳·北极"号117 000载重吨冰区油船，用于普里莫斯克到芬兰湾或欧洲的原油运输。该船总长249.79米，型宽44米，型深22米，航

> 图273 冰区油船"玛斯特拉"号

小贴士

海冰的分级

世界气象组织将海冰分为第一年冰和多年冰，其中第一年冰的特点是厚度不超过1.2米，冰强度低；多年冰的厚度可以达到3米以上，冰强度较高。目前，世界上的一些主要规范所适用的冰级范围不同，就芬兰-瑞典冰级规则中的1A冰级而言，船舶的结构能承受0.8米厚的第一年薄冰层载荷压力，装机功率能够支持船舶以5节的航速在1米厚的碎冰航道上前行。

> 图274 冰区油船"史丹纳·北极"号

速15节。该船拥有1A Super冰级符号,能够以5节的速度在冰块厚度1米且上部冰层厚度0.1米的通道上航行。

该船采用重型加强双体结构,钢板重量比普通阿芙拉型油船重;采用坚固的冰带和额外加强的肋骨,在恶劣环境中可以多提供50%的主机功率。

B-Max型冰区原油船和P-Max型冰区成品油船

瑞典史丹纳·布尔克公司公司还开发了拥有芬兰-瑞典1A Super冰级符号的B-Max型原油船,总长325.5米,型宽66米,设计吃水仅为15米,载重量26.65万吨,货舱容积为31.1万立方米,比运营在波罗的海的普通阿芙拉型油船提高60%～80%的货物容量。

该船具备六大特点:全方位保护,采用附加的预防措施,独特的操纵性,双安全,一体化驾驶台控制系统,高载货量/浅吃水。

此外,史丹纳·布尔克公司还开发了5.4万载重吨的P-Max型冰区油船,拥有1B冰级符号(部分拥有1A冰级符号),用于在0.6米厚的中等冰况中操作。P-Max型油船总长182.9米,型宽40米,吃水为11.3米,压载吃水时的航速为17.2节,装

第6章 未来的油船

> 图275 B-Max型冰区原油船

> 图276 P-Max型冰区成品油船

载时的航速为16.5节，比大部分沿海油船都快；货舱容积7.03万立方米，货舱数10个，比长度相似、吃水相同的油船提高30%的货物装载能力。该船安装有双动力推进装置，双机、双桨、双舵，进一步提高了船舶的冗余度；采用一体化驾驶台控制系统，具有360度的视角。

"莫斯科夫斯基·前景"号冰区油船

2010年，现代三湖重工交付给Sovcomflot公司一艘阿芙拉型冰区油船"莫斯科夫斯基·前景"号，冰级符号为IB。该船总长249.99米，型宽44米，至主甲板型深21米，载重量113 900吨，货舱14个，货舱容积约13万立方米，航速15节，主要在波罗的海和俄罗斯远东地区运营。

该船采用双壳体结构，还采用一些最新的环保技术，如燃油舱保护、涂层保护性能标准，满足欧洲港口和加利福尼亚水域要求，并满足共同结构规范要求。船上可以居住30名船员，为了满足船员舒适度要求，该船还配有一个游泳池、桑拿室和卫星电视等。

"米娅·德斯加纳斯"号（Mia Desgagnés）冰区油船

土耳其德斯科塔斯（Desiktas）船厂为加拿大德斯加纳斯公司建造的"米娅·德斯加纳斯"号油船是加拿大首艘双燃料/LNG成品油/化学品冰级油船，可以采用重燃料油、船用柴油或LNG作为燃料动力。

> 图277 "莫斯科夫斯基·前景"号冰区油船

第6章　未来的油船

> 图278 "米娅·德斯加纳斯"号冰区油船

"米娅·德斯加纳斯"号采用双船体，在吃水7.8米时载重吨为1.5万吨，船上的货物舱在98%能力时的存储能力高达17 505立方米。该船在欧洲交付，然后驶往北美。

从全球来看，该船也是首艘具有极地7冰级的双燃料/LNG成品油船/化学品油船，能在积冰的水域航行；也是首艘能全球航行的油船，因为配备了加注LNG燃料的单独设备，能在任何港口进行高效的燃料加注，具有极大的运营灵活性和独特的全球双燃料运营能力。

北极航道的开发

从上述列举的几型冰区油船来看，俄罗斯北极地区和波罗的海都是冰区油船的主要运输路线。此外，北极其他海域的油船运输也值得关注。

北极航道是指穿过北冰洋、连接大西洋和太平洋的海上航线，连通亚欧及北美。北极航道由两条航道构成，加拿大沿岸的"西北航道"和西伯利亚沿岸的"东北航道"。其中东北航道绕过西伯利亚北部，穿过北冰洋巴伦支海、喀拉海、拉普捷夫海、新西伯利亚海和楚科奇海五大海域；西北航道途经美国阿拉斯加北部离岸海域，穿过加拿大北极群岛。这两个航道更接近球面上两点的最短连线（大圆航线），是连接太平洋北部与大西洋北部的最短航线，一旦开通，将大大缩短航程，带来巨大的经济利益。

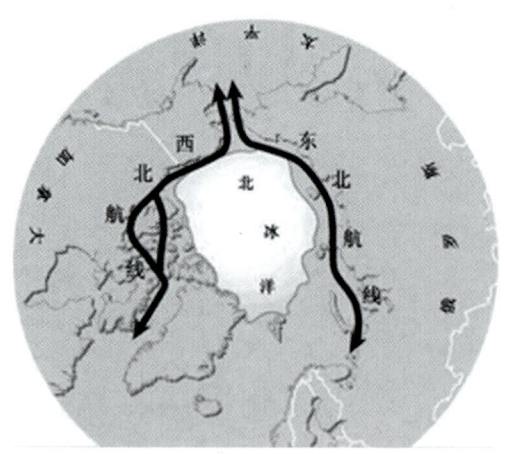

> 图279 北极航道西北航道与东北航道示意图

一直以来，北冰洋常年被海冰覆盖，环境恶劣，人类始终无法开发北极及北极航道资源。近几年，随着北极升温、北冰洋增暖，导致北极冰层加速融化。不久的将来，人们梦寐以求的北冰洋"黄金水道"有望开通。北极航道一旦开通，还可以避开索马里海盗和印度洋海盗的威胁，降低航行风险。

国内外相关学者认为，北极航道的开通将改变长期以来巴拿马运河和苏伊士运河作为连接太平洋和大西洋要道的局面，

> 图280 俄罗斯破冰船引导油船通过北冰洋航线

并有可能成为新的海上运输要道，这种变化将导致世界重心向北方偏移，一定程度上改变世界格局。

 **北极航道对我国"海运强国"的战略价值**

我国原油进口量的不断攀升将进一步加剧马六甲海峡、苏伊士运河、巴拿马运河等咽喉要道的拥挤程度，并可能遭遇索马里海盗的干扰，所以开通北极航道将为我国的超大型油船提高海上运输的安全性和可靠性。

北极航道开通后，我国在现有东西向两条主干远洋航线上再增加两条更为便捷的到达西欧和北美的航线，可大大缩短航程和运输时间，降低海上运输成本。

目前全球的经济强国主要分布在远东、西欧和北美这3个地区，而北极航道正是连接这3个地区的最短海上航线。我国长江以北的港口都位于东北亚地区，非常靠近北极航道，此航线的开通，将大大增强我国北方港口的发展潜力。

北极地区蕴含丰富的战略资源，北极航道的顺利开通将改变我国战略能源来源集中、运输路径单一的局面，特别是在战时，该航线将是重要的军事运输通道。所以，北极航道在保障国家经济安全运行、拉动国家经济增长、维护国家安全和海外权益等方面对我国实现"海运强国"战略具有十分重要的意义。

从欧洲到亚洲的航线比较

1. 经苏伊士运河，19 931千米，35天。
2. 经巴拿马运河，26 186千米，40天。
3. 经非洲好望角，22 356千米，46天。
4. 经北冰洋，12 456千米，22天。

参考文献

1. 程东，殷佩海，蒋廷琥.溢油应急处理的优化决策.海洋环境科学，2001（3）：35–39.
2. 李亚，陈世才，杨佐昌.大型油船管理实务.大连：大连海事学院出版社，2005.
3. BP公司，BP世界能源统计年鉴（2016版）.
4. 谈谈.三位石油大咖和油轮的故事.石油知识，2015（1）：36–38.
5. 梁斌.中国的超级油轮.海洋世界，2009（7）：78–80.
6. 张健，尹群，胡中凯.海损事故下油船溢油风险研究.江苏科技大学学报（自然科学版），2010，24（6）：529–533.
7. 钱程.海上溢油渐成环保安全大患.世界环境，2011（6）：40–41.
8. 陆悦铭，周乐.油轮120余年的发展史.航海，2012（2）：74–80.
9. 姚峰.舟山又一45万吨级大码头将投用.浙江在线，（2018–08–29），http://photo.zjol.com.cn/yuanchuang/201808/t20180829_8131711.shtml#p=1.
10. 曾涛，代宗锋.海军第二十批护航编队随船护卫"远春湖"号油轮全记录.新华网，（2015–06–05），http://www.xinhuanet.com//mil/2015-06-05/c_1115529789.htm.

后 记

新中国成立以来，我国舰船与海洋工程装备从小到大，由弱变强，实现了跨越式发展，为捍卫我国海疆和保障国民经济的发展作出了巨大贡献。为了使广大青少年和公众读者了解到我国舰船研制的艰难历程和取得的成就，中国船舶及海洋工程设计研究院、上海市船舶与海洋工程学会、上海交通大学及上海科学技术出版社密切携手，编纂出版"国之重器——舰船科普丛书"，向中华人民共和国建国70周年献礼。

此套丛书编写得到曾恒一院士、潘镜芙院士以及80多位舰船及海洋工程研发设计专家的响应和支持，为其顺利出版奠定了基础。丛书编纂中，注重原创，努力将科学性、权威性、严谨性贯穿始终，把技术性、知识性、趣味性融于一体，把舰与船的专业知识从学术殿堂驶达青少年和公众读者的心田。

上海市船舶与海洋工程学会理事长邢文华、中国船舶及海洋工程设计研究院党委书记卢霖、江南造船（集团）有限责任公司董事长林鸥、沪东中华造船（集团）有限公司纪委书记胡敬东等领导对这套丛书的编撰出版予以多方支持和鼓励，并明确指示：该丛书的编撰是一项系统工程，要求高、时间紧、工作量大，要发挥科技人员的参与意识和普及"国之重器"科学知识的积极性，努力把丛书编好，使它成为一部向广大青少年和公众读者科学普及舰船知识，弘扬海洋文化，开展国防教育的好丛书。

100多位从事舰船及海洋工程科研、设计、建造的专家和老、中、青三代科技工作者参与了丛书的编写。撰写者大多是肩负科研任务的一线科研工作者，只能利用业余时间进行编写；他们不是专业的科普作者，但要完成从建造者到教育者、从设计员到讲解员的角色转换；学术著作可以精尖高深，科普文章却要浅显易懂，要像对学生上课一样，心口相传，绘声绘色，这对他们而言绝非易事。但面对困难，他们不曾退缩。在大家的心中，参与丛书编撰不仅是对投身舰船科研、设计、建造实践的重塑，更是为了中国造船事业后继有人、薪火相传。从领受编撰任务的那一天起，他们酝酿推敲、遴选谋篇、不辞辛劳、不舍昼夜，把对科学的爱、对祖国的情凝练成书香墨宝。

历经2年，这部丛书终于与读者见面了。丛书的编撰得到众多单位支持，并成立丛书专家委员会，严格遵循资料汇总、提纲拟制、内容撰写、审查把关、全稿统筹的编纂规律，先后多次召开书稿初审会、复审会和终审会，确保内容准确、权威。

因此，"国之重器——舰船科普丛书"具有以下特点：

一是广泛性。丛书涵盖了当今世界主要舰（船）种，内容包括舰船的诞生、发展历程、关键系统设备和发展前景等，是目前已出版舰船科普丛书中较齐全、较系统的一套科普丛书。

二是原创性。目前市场上有关舰船方面的科普图书屡见不鲜，但引进的多，原创的少，而这套丛书立足于国内舰船研制历程，经过精心策划，历经2年的努力原创而成。

三是权威性。丛书由中国船舶及海洋工程设计研究院、上海市船舶与海洋工程学会和上海交通大学主编，联合江南造船（集团）有限责任公司、沪东中华造船（集团）有限公司、上海外高桥造船有限公司、中国海洋石油集团有限公司等单位，还成立了由曾恒一院士、潘镜芙院士领衔的专家委员会对丛书内容进行专业技术上的把关，保证了此书的科学性和权威性。

四是充满情怀。习近平总书记指出：科技创新、科学普及是实现国家创新发展的两翼，要把科学普及放在与科技创新同等重要的位置。丛书正是基于这一精神向全民，特别是青少年介绍舰船科技知识，弘扬科学精神，传播科学思想和科学方法，激发爱国热情，使全民关心、热爱、支持国防建设和舰船事业的发展，为实现强军梦、强国梦尽一份心力。

五是集体创作。老、中、青100多位科技工作者参加丛书编撰，每分册从提纲到初稿、定稿，均经众人讨论、修改，所以说丛书是集体创作的成果。

丛书编写过程中参考了一些书籍和报刊，引用了一些观点和图片，在此表示诚挚的谢意。

尚保国研究员、邱伟强研究员、尚亚杰高级工程师参加本书的编写，并提供资料。在丛书出版发行之际，向各位专家、全体编撰人员，以及关心、支持丛书编撰出版的有关单位和个人表示崇高的敬意。

对于书中不妥之处，希望广大读者予以指正。

张　毅

2018年8月

国之重器——舰船科普丛书
出版工作委员会

- **主　任**
  温泽远
- **副主任**
  魏晓峰
- **执行主任**
  侯培东
- **策划编辑**
  楼玲玲　陈　立　潘慧中　陈晏平
- **编辑人员（以姓氏笔画为序）**
  王　辉　朱永刚　杨　燕　李　艳　李宏瑞　沈晓平　张　帆　张钰琼　陈　立　陈　晨
  陈晏平　姚晨辉　高军晓　高爱华　黄丽芬　楼玲玲　潘慧中
- **美术编辑**
  赵　军　潘慧中
- **技术编辑**
  张志建　吕　伟　陈美生　王晓颖　王永容
- **责任校对**
  朱　虹　陈敏芳　卢文斌　李瑶君　翟　红
- **发行推广**
  罗小林　李　旻　杨　淦　朱旖旎　李宏瑞　陈　立　潘慧中　陈美生
- **特约顾问**
  田小川　李维靖

本书内容由中国船舶及海洋工程设计研究院审定。本书所使用的图片由中国船舶及海洋工程设计研究院、上海市船舶与海洋工程学会、上海交通大学、江南造船（集团）有限责任公司、沪东中华造船（集团）有限公司、上海外高桥造船有限公司、中国海洋石油集团有限公司、中船重工第七一四研究所、少年儿童出版社等提供。

特别说明：本书中可能存在未能联系到版权所有者的图片，请见书后与上海科学技术出版社联系。